山东省革命文物图文大系

山东博物馆　编著

科学出版社

北京

图书在版编目（CIP）数据

山东省革命文物图文大系：全十卷 / 山东博物馆编著. -- 北京：科学出版社，2024.12. -- ISBN 978-7-03-080020-6

Ⅰ. K871.62

中国国家版本馆CIP数据核字第2024SC9750号

责任编辑：张亚娜　樊　鑫／责任校对：张亚丹
责任印制：张　伟／书籍设计：北京美光设计制版有限公司

科学出版社 出版
北京东黄城根北街16号
邮政编码：100717
http://www.sciencep.com
北京华联印刷有限公司印刷
科学出版社发行　各地新华书店经销
*
2024年12月第　一　版　开本：889×1194　1/16
2024年12月第一次印刷　印张：123 3/4
字数：2 600 000

定价：3680.00元（全十卷）

（如有印装质量问题，我社负责调换）

分卷主编

第一卷	孙艳丽		第二卷	孙艳丽	贾依雪
第三卷	李 娉	贾依雪	第四卷	杨秋雨	
第五卷	杨秋雨	仪明源	第六卷	仪明源	于秋洁
第七卷	刘 宁	张小松	第八卷	刘 宁	怀培安
第九卷	怀培安	李 娉	第十卷	张小松	

撰写团队（按姓氏笔画排序）

卜 鑫	于佳鑫	于法霖	于秋洁	于颖欣	万本善	马 军	马 静	马天成
马克凡	王 美	王 浩	王 晶	王 鹏	王 睿	王小羽	王之信	王之谦
王丹青	王文红	王文博	王平云	王亚敏	王丽媛	王凯强	王思涵	王晓妮
王婀娜	王培栋	车 悦	毛洪东	孔凡胜	卢绪乐	仪明源	冯明科	宁志刚
毕晓乐	曲 菲	吕 健	吕其林	任 伟	任维娜	庄 倩	刘 宁	刘 畅
刘 凯	刘 婧	刘长艳	刘军华	刘丽丽	刘树松	刘剑钊	刘逸忱	江海滨
许 哲	许文迪	许盟刚	孙 佳	孙 颖	孙全利	孙利堂	孙纬陶	孙艳丽
苏 琪	苏力为	杜晨英	李 波	李 娉	李 媛	李 婷	李兴栋	李克松
李国盛	李寅初	李博文	李晶晶	李景法	李献礼	杨 坤	杨 昊	杨 燕
杨立民	杨亚昱	杨秋雨	杨靖楠	吴 昊	谷 淼	怀培安	宋 松	宋卓远
张 丹	张 卡	张 军	张 媛	张 璐	张小松	张世林	张有才	张秀民
张美玲	张晓文	张海燕	张淑敏	陈 晓	陈 鹏	陈孟继	林立东	昌筱敏
罗 琦	罗永华	周 宁	周光涛	周兴文	郑学富	郑德平	官春磊	项 项
赵 金	赵文彬	赵均茹	赵皎琪	赵蓓蓓	郝明安	胡可佳	姜羽轩	姜晴雯
姚 超	姚焕军	袁晓梅	聂惠哲	贾庆霞	贾依雪	贾婧恩	夏 敏	徐 艳
徐 静	徐 磊	徐晓方	徐赛凤	高丽娟	唐铭涓	黄巧梅	黄祖文	崔 强
崔萌萌	康甲胜	阎 虹	梁连江	梁新雅	董 艺	董倩倩	韩晓燕	焦玉星
赖大邃	雷 茜	蔡亚红	蔡运华	蔡言顺	薛喜来	穆允军	穆红梅	

学术顾问

邱从强　　张艳芳　　郑宁波　　徐 畅　　崔华杰

审校

李 娉　　孙艳丽　　怀培安　　贾依雪

文物摄影

阮 浩　　周 坤　　赵蓓蓓　　蔡启华

参加单位

★ 省直单位

山东博物馆　　　　　　　　　中共山东省委党校（山东行政学院）图书和文化馆

山东省档案馆　　　　　　　　山东省图书馆

孔子博物馆　　　　　　　　　山东大学图书馆

★ 济南市

济南市博物馆　　　　　　　　济南市章丘区博物馆

济南市济阳区博物馆　　　　　济南革命烈士陵园（济南战役纪念馆）

济南市莱芜区博物馆　　　　　中共山东早期历史纪念馆

★ 青岛市

青岛市博物馆　　　　　　　　青岛海关博物馆

青岛道路交通博物馆　　　　　青岛市黄岛区博物馆

青岛市即墨区博物馆　　　　　青岛市即墨区烈士陵园

青岛市档案馆　　　　　　　　青岛市革命烈士纪念馆

中共青岛党史纪念馆　　　　　中国人民解放军海军博物馆

莱西市博物馆　　　　　　　　黄岛烈士陵园纪念馆

平度市博物馆　　　　　　　　平度市烈士陵园

胶州烈士纪念馆

★ 淄博市

淄博市博物馆　　　　　　　　淄博市焦裕禄纪念馆

淄博煤矿博物馆　　　　　　　黑铁山抗日武装起义纪念馆

淄博市公安局　　　　　　　　桓台博物馆

高青县革命历史纪念馆　　　　沂源博物馆

沂源县革命烈士陵园（革命历史纪念馆）

★ 枣庄市

枣庄市博物馆　　　　　　　　铁道游击队纪念馆

台儿庄区贺敬之文学馆　　　　台儿庄革命烈士陵园（战史陈列馆）

★ 东营市

东营市历史博物馆　　　　　　中共刘集支部旧址纪念馆

东营市垦利区博物馆（含渤海垦区革命纪念馆）

★ 烟台市

烟台市博物馆	烟台市牟平区博物馆
烟台北极星钟表文化博物馆	烟台市蓬莱区烈士陵园管理处
莱州市博物馆	地雷战纪念馆
龙口市博物馆	栖霞市牟氏庄园管理服务中心
招远市博物馆	

★ 潍坊市

潍坊市博物馆	潍坊市革命烈士陵园管理处
潍坊市寒亭区博物馆	青州市博物馆
昌邑市博物馆	寿光市博物馆
安丘市博物馆	潍县西方侨民集中营旧址博物馆

★ 济宁市

邹城博物馆	金乡县文物保护中心
嘉祥县烈士陵园烈士纪念馆	梁山县烈士陵园管理服务中心

★ 泰安市

泰安市博物馆	泰安徂徕山抗日武装起义博物馆
中共东平县工委纪念馆	东平县博物馆
肥城市档案馆	新泰市档案馆
新泰市博物馆	

★ 威海市

中国甲午战争博物院	天福山起义纪念馆
威海市博物馆	乳山市文物保护中心

★ 日照市

日照市岚山区博物馆	日照市抗日战争纪念馆
莒州博物馆	五莲县博物馆

★ 临沂市

临沂市博物馆

大青山胜利突围纪念馆

沂水县博物馆

沂水县中共中央山东分局旧址

沂蒙革命纪念馆

孟良崮战役纪念馆

鲁南革命烈士陵园

山东省政府和八路军115师司令部旧址

华东野战军总部旧址暨新四军军部旧址纪念馆

沂水县云头峪村《大众日报》创刊地纪念馆

沂蒙红嫂纪念馆

莒南县博物馆

平邑县博物馆

★ 德州市

德州市博物馆

冀鲁边区革命纪念馆

★ 聊城市

孔繁森同志纪念馆

聊城市茌平区博物馆

东阿县文物事业发展中心

运东地委革命纪念馆

聊城中国运河文化博物馆

聊城市茌平区档案馆

东阿县文物管理所

临清市档案馆

★ 滨州市

滨州市博物馆

邹平市文物保护中心（邹平市博物馆）

滨州市滨城区文物保护修复中心（滨州市滨城区博物馆）

渤海革命老区纪念园

阳信县博物馆

博兴县博物馆

★ 菏泽市

菏泽市博物馆

菏泽市定陶区博物馆

菏泽市定陶区烈士陵园

巨野县博物馆

中国鲁锦博物馆

单县档案馆

成武县烈士陵园

鄄城县档案馆

菏泽市烈士陵园（菏泽市抗日纪念馆）

菏泽市定陶区档案馆

东明县博物馆（东明县文物保护中心）

郓城县博物馆

冀鲁豫边区革命纪念馆

曹县档案馆

成武县档案馆

山东省
革命文物
图文大系

第五卷

杨秋雨
仪明源　主编

砥柱中流

抗日战争时期
（中）

科学出版社
北京

　　1941年苏德战争和太平洋战争爆发，国际形势新变化给中国抗日战争造成重大影响。日本在扩大侵略战争和急于结束中日战争过程中对中国施加更大的政治、军事压力。山东党组织带领齐鲁儿女坚持着艰苦卓绝的对日作战，在斗争中不断成长壮大。英勇的山东军民在抗日斗争中创造了可歌可泣的光辉业绩，为抗战胜利作出了重要贡献。面对日军残酷的"扫荡""蚕食"和"三光政策"，山东军民采用麻雀战、地雷战、地道战、联防战等多种作战形式，广泛开展游击战争，使日军陷入人民战争的汪洋大海。

　　实现人民当家作主，为人民谋幸福，是中国共产党人矢志不渝的使命和初心。山东党组织在根据地建设中不断深耕探路，磐石建树。山东抗日根据地公布和实施了一系列法令、条例和政策，在事实上把广大劳动人民推上了当家作主的地位，设立北海银行、创模生产，保障抗战……巩固和扩大以工农群众为主体的抗日民族统一战线，创造了坚持敌后抗战和夺取最后胜利的稳固基础，为新中国政权建设积累了宝贵的经验。

目 录

第二章

**人民战争
汪洋大海**

第三章
创模生产
保障抗战

第一章

创建根基
磐石建树

　　全面抗战初期，山东党组织对建立抗日民主政权的重要性，认识尚不充分。各地抗日武装建立以后，未能迅速在已经控制的地区广泛建立抗日民主政权。进入1940年，山东抗日根据地政权建设工作进展加快。到1940年7月山东抗日根据地内已经成立1个行政主任公署、9个专员公署、66个县级抗日民主政府及近300个区乡抗日政府。各行署主任、专员、县长及186个区的区长由民主选举产生。这一时期，山东党组织坚持抗战、团结、进步的方针，坚持抗日民族统一战线政策，联合一切抗日的阶级、阶层、党派、团体和军队，共同抗击日本侵略军，壮大了抗日力量。

山东抗日民主根据地实行政治改革，让人民群众当家作主，基层政权直接由选举产生。

根据地群众民主选举县长

山东省战时工作推行委员会
《关于响应中共山东分局建设山东
抗日根据地十项建设运动号召的决定》

1941年
山东博物馆藏

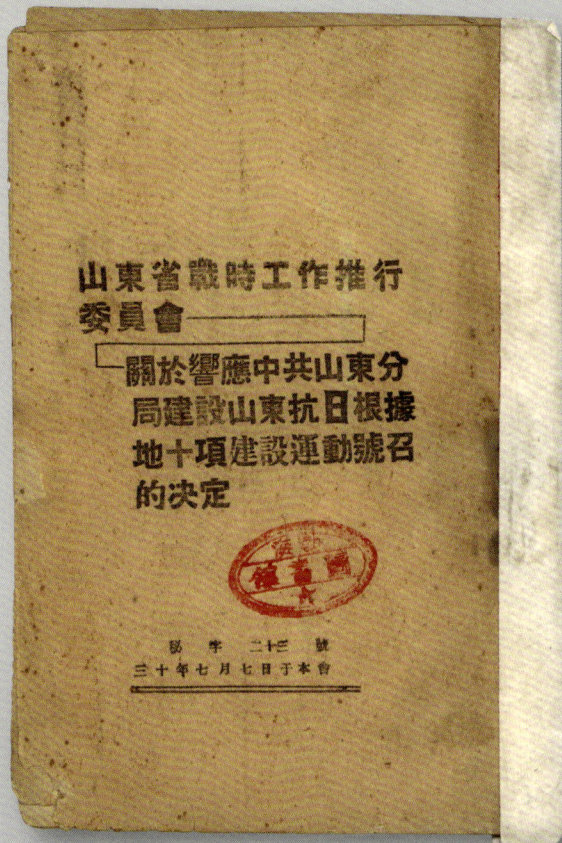

该决定是山东省战时工作推行委员会于1941年7月7日为响应中共山东分局发出的《抗战第五年的山东十项建设运动》指示做出的。1940年7月底，山东省联合大会制定了《山东省战时工作推行委员会组织大纲》。8月17日选举成立了全省统一的行政权力机关——山东省战时工作推行委员会（简称省战工会）。下设战时政治、战时军事、战时财政经济、战时教育、战时民众动员5个组。省战工会首席组长黎玉，副首席组长李澄之，秘书长陈明。

1941年7月4日，中共山东分局在临沭县蛟龙湾召开会议，发出《抗战第五年的山东十项建设运动》的指示：①建设真正进步民主的抗日政权；②建立自给自足供给后方的经济建设工作；③建立新民主主义的财政供给政策；④广泛建立

与健全地方武装、民兵与普通自卫团，开展群众性的游击战争；⑤开展广泛的群众运动，普遍组织各种群众团体，深入战争动员，完成战时工作；⑥开展社会文化与群众性的文化教育工作；⑦缩小敌占区，开展争取敌伪军与敌占区人民工作；⑧加强农村统战，调剂劳资利益，改善人民生活；⑨努力优待抗属，爱护主力军；⑩切实保障人民民主权利，厉行锄奸政策。

这些政策为抗日根据地增强了抗战力量，对凝聚根据地人心、坚定根据地人民的抗战意志、发展敌后抗日武装、促进抗战物质基础的巩固起到了重大作用；对营造全民抗战的社会氛围产生了积极而广泛的影响，为夺取抗战最后胜利作出了重要贡献。

黎玉、李澄之发出的山东省战时工作推行委员会通知

1942年2月5日
山东博物馆藏

1942年2月5日油印，黎玉、李澄之签发的山东省战时工作推行委员会通知，主要内容是颁布《修正山东省人民武装抗日自卫团条例》。该条例指出，为了适应敌后游击战争新环境，武装全体抗日人民，胜利地进行群众性抗日游击战争，度过最艰苦的两年，之前（即1940年12月3日）公布施行的《人民抗日自卫团组织条例》的内容已不适应客观需要，因此山东省战时工作推行委员会特会同山东省各军事机关拟定《修正山东省人民武装抗日自卫团条例》，并于1942年2月4日提请山东省临时参议会审查备案，并公布施行。

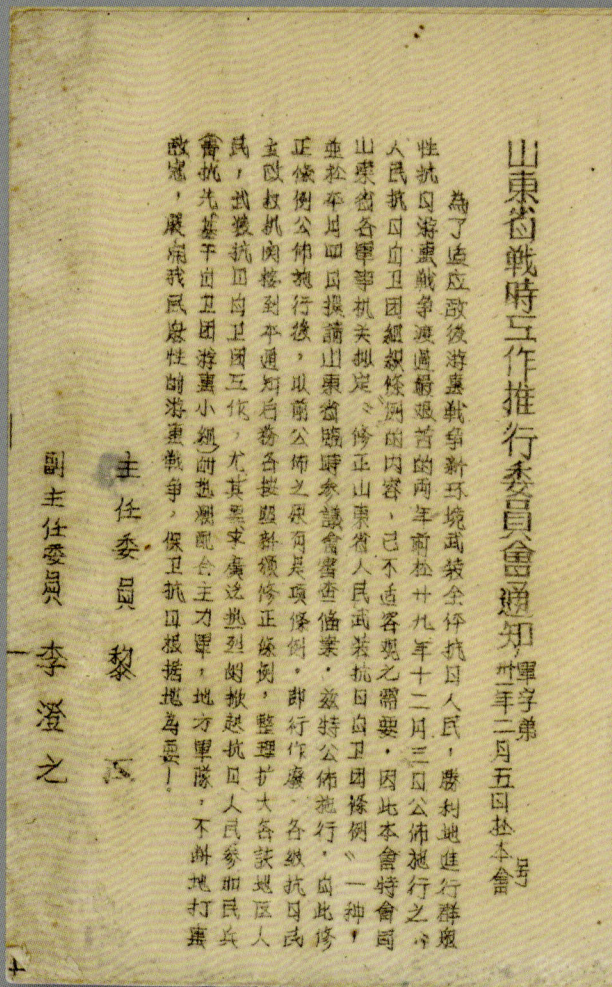

该条例共分总则、组织、编制、职权、关系、会议、纪律、经费、武器、附则十部分，分别公布了自卫团的定名、组织原则、入团条件、权利及义务、最高权力机关。

1938年，在中共山东党组织的号召下，各地相继建立了抗日自卫团。随着形势的发展和斗争的需要，山东省战时工作推行委员会制定了《人民抗日自卫团组织条例》。1941年，抗日进入艰苦阶段，为了适应敌后游击战争新环境，武装全体抗日人民，进行群众性抗日游击战争，此次修订后的条例将自卫团年龄放宽，即16岁以上50岁以下的男女公民均可参加。16岁至23岁男性公民，可参加青年抗日先锋队，24岁至35岁男性公民可参加基干自卫团，其余编为普通自卫团。此后，民兵成为民众抗日武装自卫团、青年抗日先锋队、游击小组等的统称，民兵和自卫团的发展逐步走向正轨。

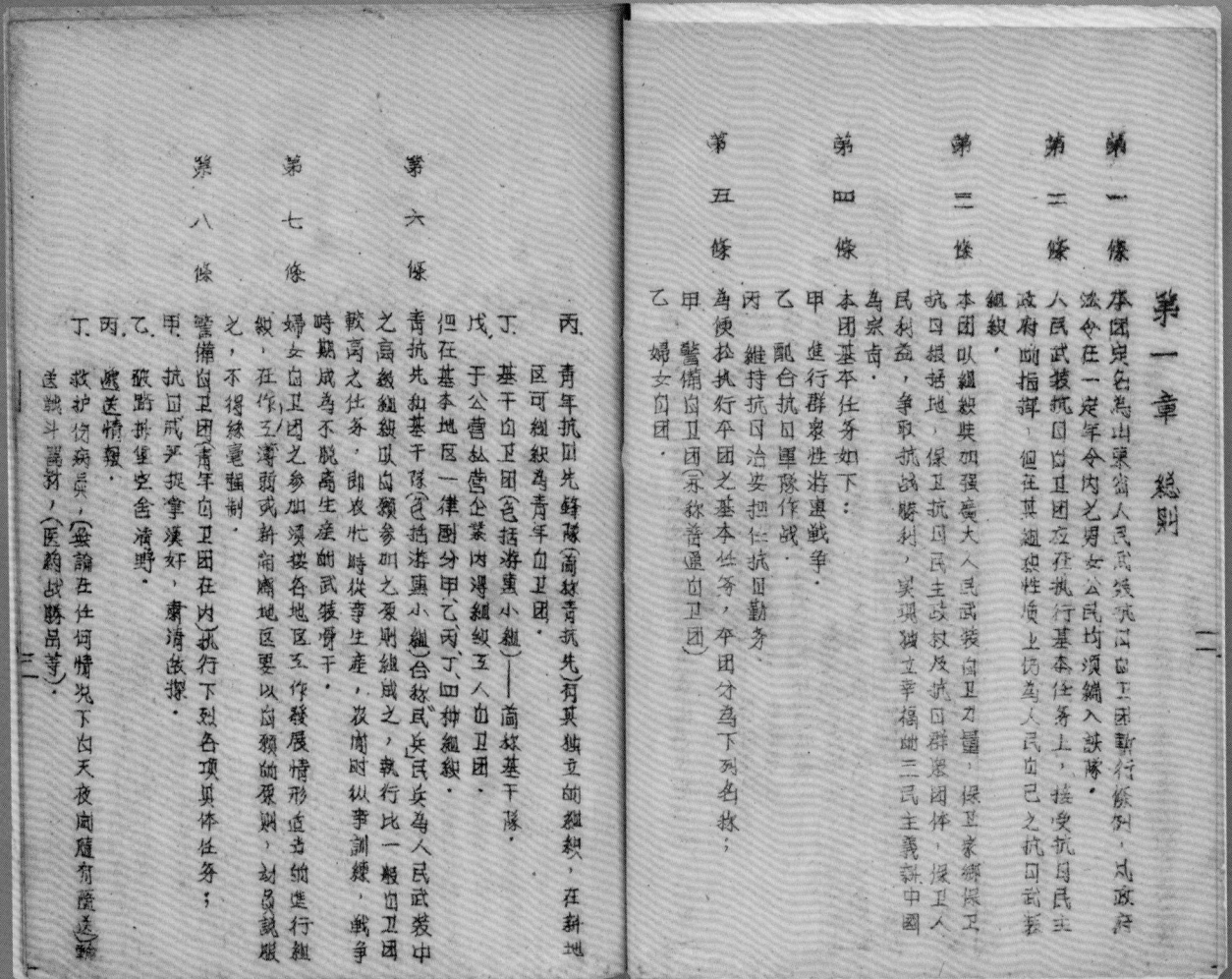

李澄之

1901—1966

原名李澄，字若秋，山东临沂人。早年加入中国国民党，参加过北伐战争，后因发表反蒋言论被撤职并开除党籍。1939年7月7日，山东国民抗敌协会（简称抗协）成立，李澄之任会长。1944年夏加入中国共产党。1945年8月山东大学（非国立山东大学）在临沂成立，李澄之任校长。12月以中共代表团顾问身份，赴重庆参加政治协商会议。1946年春，随周恩来率领的中共代表团到南京工作。济南解放后，任济南市军事管制委员会文教部部长兼济南市教育局局长。中华人民共和国成立后，先后任山东省各界人民代表会议协商委员会副主席兼秘书长，山东省第二、三届政协副主席，民革山东省委员会副主席、主席等职。1954年9月起，当选为第一、二、三届全国人大代表。1955年2月至1966年3月，任山东省副省长。1966年3月26日，李澄之逝世。

1942年黎玉在沂蒙山区

🚩

黎玉《在军民反"扫荡"大会上的讲演》手写稿

1942年4月
山东省政府和八路军115师司令部旧址藏

1941年黎玉《在军民反"扫荡"大会上的讲演》的手写稿。1941年抗日战争进入最困难的时期，针对日军对我抗日根据地残酷的"蚕食""扫荡"，特别是日军对山东党政军领导机关所在的沂蒙根据地进行了频繁的"铁壁合围"式的大"扫荡"。中共山东分局、八路军一一五师、八路军山东纵队、山东省战时工作推行委员会领导山东军民，进行了艰苦的反"扫荡"斗争。日军在3月份集结三四千兵力，对临沂、费县、沂水、蒙阴四县"扫荡"后，又对沂蒙山区进行了更加残酷的"扫荡"。山东党政军领导机关在山东根据地广泛发动群众，组织抗战军民进行了艰苦的反"扫荡"斗争。在此情况下，作为中共山东分局副书记、一一五师副政委、山东纵队政委和山东省战时工作推行委员会主任的黎玉，召集山东纵队指战员，进行了反"扫荡"的动员讲话，要求广大指战员和人民群众，广泛动员起来，粉碎敌人的"扫荡"。

李澄之印

抗日战争时期
临沂市博物馆藏

　　该印章为李澄之日常使用之物。木质，长方体形，印面为阳文"李澄之印"四字。

联合大会期间，山东省战时工作推行委员首席组长黎玉（左）和山东临时参议会参议长范明枢（右）。

《山东省临时参议会、山东省战时工作推行委员会关于拥护抗日军队的决定》

1944年
山东博物馆藏

　　油印，共两页，由山东省临时参议会、山东省战时工作推行委员会于1944年1月25日颁布。

　　山东抗日民主政权成立初期，虽然做了些优待抗日军人家属（以下简称优抗）工作，但由于重视程度不够，没有进行普遍优待。随着形势的发展，拥军优抗工作被提上了议事日程。《山东省临时参议会、山东省战时工作推行委员会关于拥护抗日军队的决定》，强调没有抗日的军队，就没有抗日根据地和民主政权，拥护抗日军队，是全省抗日人民和各级抗日政府应尽的责任，要求各级政权干部充分认识拥军的重要意义，主动解决抗日军队所需的粮草供给、配合军队作战、动员人民参军等问题。在拥军优抗运动中，山东抗日民主根据地涌现出了一批像沂南县马牧池乡"红嫂"明德英、东辛庄"沂蒙母亲"王换于等模范人物。

山东省战时参议会关于
拥护抗日军队的决定

徐金六

1871—1965

又名徐慎弢。山东临沭人。1888年从事教育工作，1939年夏天参加临郯县委领导的抗日干部训练班，参加革命。1940年八路军解放南古后，参与组织各界各阶层人士参加的劳军委员会，被选为主任委员，积极率领慰问团慰问八路军。郯东北地区动委会成立后，担任副主任、苍马县参议会参议长，致力于宣传共产党的抗日民族统一战线政策，号召有钱出钱、有力出力、有枪出枪，并动员了一批知识分子参加抗日工作。1941年8月担任滨海专区参议会副参议长，山东省临时参议会候补参议员。1947年底开展"三查三整"精简机构后，离开机关到莒南县村庄居住。中华人民共和国成立以后，当选为山东省各界人民代表会议代表，临沭县人民代表，临沂县人民代表，是山东省政协三届委员会委员。

山东省临时参议会第一届会议参议员证

抗日战争时期
沂蒙革命纪念馆藏

该证件是由沂蒙山著名的抗战老人徐金六后人捐赠。山东省临时参议会，是抗日战争时期中国共产党在山东抗日根据地设立的民意机关和立法机关。1940年7月至8月，山东省各界救国联合大会在山东省临沂县青驼寺召开。会议讨论通过了《山东省战时施政纲领》《山东省临时参议会组织条例》，成立了全省统一的民意机关——山东省临时参议会。选举了山东省临时参议员，推荐范明枢为参议长，马保三、刘民生为副参议长。

此证件为第一届山东省临时参议会参议员证，该证于1943年8月由范、马、刘三人签发，内有参议员姓名、籍贯、年龄、性别等信息。证件左侧印有誓词，充分展现了山东省临时参议会推行民主政治，坚决执行抗日民族统一战线的决心，山东省临时参议会的成立对巩固和扩大山东抗日根据地具有重要意义。

山東省臨時參議會參議員證第 壹 伍 號

姓名	徐金六
籍貫	臨沭
年齡	七十二
性別	男
備註	候補

中華民國三十二年八月 日

議長
副議長 馬儒三 劉益生

誓 詞

予誓以至誠，接受全山東人民付託，代表全山東人民利益，執行全山東人民意志，堅決執行抗戰建國綱領，澈底實現民主政治，擁護國民政府抗戰建國，擁護國共合作，堅決執行抗日民族統一戰線，抗戰到底，反對妥協投降，反對分裂內戰，反對一切反共反人民的陰謀，克服困難，堅持鬥爭，勛員全省一切力量，鞏固與擴大山東抗日根據地，準備反攻，爭取民族解放全部勝利，實現獨立的，統一的，和平的，民主的，繁榮的，各黨各派合作的新中國，如逸誓言，願受公裁，謹誓。

1941年冬，日、伪军5万余人向沂蒙山区"铁壁合围"，山东省战时工作推行委员会副主任兼秘书长陈明、山东纵队姊妹剧团团长辛锐夫妇先后在反"扫荡"中壮烈牺牲。

陈明、辛锐夫妇

胶东行政联合办事处翻印《山东抗日民主政权工作——陈明同志在山东省行政会议上的报告提纲》

1940年
山东博物馆藏

1940年12月15日，胶东行政联合办事处翻印。1940年9月，时任山东省战时工作推行委员会秘书长陈明在全省行政会议上作了关于山东抗日民主政权中心工作的报告。

陈明（1902—1941），福建龙岩人。抗战时期曾任第一一五师政治部宣传部部长、山东分局党校副校长、山东省战工会副主任兼秘书长等职。陈明著有《宪政运动与群众运动》《新民主主义的沂水参议会》《抗日民主政权》等文章，政治理论造诣深厚。陈明为山东的政权建设做了大量的工作，是山东人民政权的缔造者之一。1941年11月，他在大青山突围战中光荣牺牲，时年39岁。

《山东省国大代表试选复选大会、
山东省临时参议会成立大会、
山东工农青妇文化各界总会成立大会、
山东省民众总动员委员会成立大会联合大会特刊》

1941年
山东博物馆藏

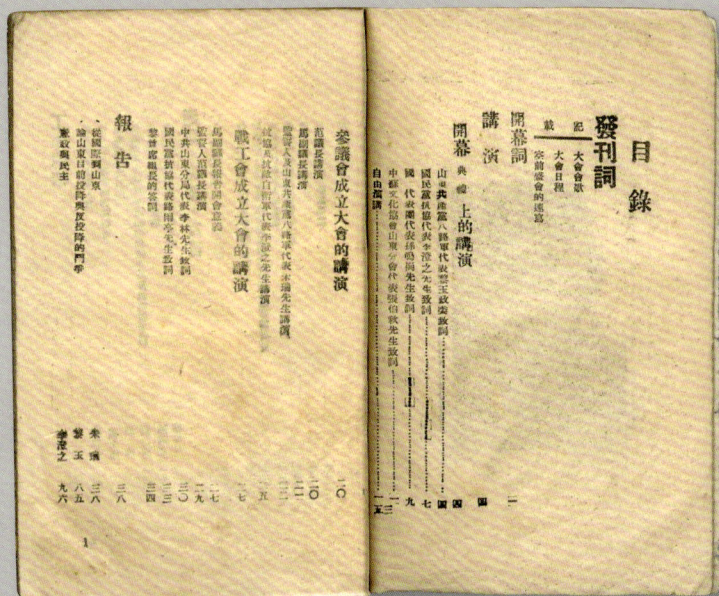

政权建设是抗日根据地建设的首要问题和根本保证。1940年7月26日，山东省国大代表试选复选大会、山东省临时参议会成立大会、山东工农青妇文化各界总会成立大会、山东省民众总动员委员会成立大会联合大会在沂南青驼寺召开。大会历时一个多月，选举产生了省级行政机关——山东省战时工作推行委员会（简称省战工会）和山东省临时参议会，标志着山东抗日民主根据地的正式形成。山东省各界联合大会召开后次年，由省临时参议会参议长范明枢整理成大会报告合集《联合大会特刊》。特刊内容汇集了联合大会上范明枢议长的开幕词、朱瑞《从国际到山东》的政治报告、李澄之《宪法与民主》的报告、黎玉《论山东目前投降与

反投降的斗争》等演讲报告、组织章程及行动纲领，还有关于职工、农民、青年、妇女、文化、锄奸、敌伪军、政权等各项工作和宪政促进会筹备经过等报告。

1940年9月，省战工会召开全省行政会议，会后陆续颁布了山东各级参议会和各级政府组织条例。1941年7月4日，中共山东分局提出了十项建设运动，特别提出"建设真正民主的抗日政府"，掀起了民主建政的高潮，山东抗日根据地逐渐形成了一个自上而下、完整系统的抗日民主政权。省战工会首席组长黎玉曾说，从1939年夏至1941年冬这两年多"是山东抗日民主政权建立的黄金时代"。

1940年7月26日至8月26日，山东省国大代表复选大会、山东省民众总动员委员会成立大会、山东省工农青妇文化各界总会成立大会、山东省临时参议会成立大会的联合大会在临沂边县的青驼寺（今属沂南县）召开。

《统一鲁南工农青代表大会特辑》

1940年5月
山东博物馆藏

　　1940年，统一鲁南工农青代表大会召开，会议发布《统一鲁南工农青代表大会特辑》，李澄之致开幕词，李竹如作"献给大会的礼物"演讲。特辑内《一年来鲁南青年运动的总结和今后方针报告提纲》一文分析了当前的政治形势，总结了抗战以来鲁南工作，指出了今后统一工农青运动的新方向、工作方针、提案与决议、宣言、组织章程、工作纲领、选举结果等详细内容。

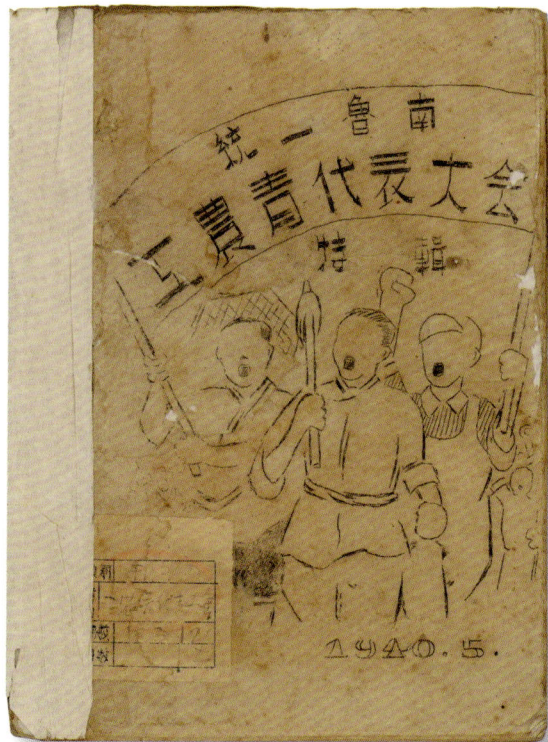

统一鲁南五救青代表大会特辑

目 录

1. 引言
2. 开幕词
3. 改会大会开幕时仲共代表致词　　　　李登之
4. 鲁南副专会代表讲话　　　　　　　　李竹如
5. 民主政务形势报告　　　　　　　　　晓阳武
6. 强鲁南科文青年的艺术兵鲁南共亚见　朱瑞玺
　　　　　　　　　　　　　　　　　　林琴
7. 抗战以来鲁南民工作总结与今後统一运习　李林
　　到新方问
8. 鲁南职工运动一年来的总结　　　　　颜荣之
9. 鲁南半年农救工作的报告提纲
10. 一年来鲁南青年运动的总结和今後方针——　杨荣生
　　报告提纲
11. 提案决议
　　a. 工人提案（十六件）
　　b. 农救提案（四件）
　　c. 青救提案（十八件）
12. 宣言：
　　a. 鲁南各界救国联合会成立宣言
　　b. 鲁南职工抗日联合总会成立宣言
　　c. 鲁南农民救日总会成立宣言
　　d. 鲁南青年救日总会成立宣言
13. 组织章程：
　　a. 鲁南工救总会组织章程
　　b. 鲁南农救总会组织章程
　　c. 鲁南青救总会组织章程
14. 工作纲领
　　a. 鲁南工救总会工作纲领
　　b. 鲁南农救总会工作纲领
　　c. 鲁南青救总会工作纲领
15. 选举结果
　　a. 鲁南各界救国联合会执委名单
　　b. 鲁南工救总会执委名单
　　c. 鲁南农救总会执委名单
　　d. 鲁南青救总会执委名单
16. 闭幕词　　　　　　　　　　　　　　太林
17. 中共山东分局第一区委代表致词

范明枢

1866—1947

名炳辰，字明枢，山东泰安人。清末秀才，后留学日本，专攻师范教育。回国后办学多处，立志为国、为民振兴教育，是山东有名的办学教育家。历任曲阜二师校长、山东省临时参议会议长、山东省参议会议长等职。

峄县第四区民众总动员委员会印《山东省鲁南民众总动员委员会工作纲要及各级组织章则》

抗日战争时期
枣庄市博物馆藏

峄县第四区民众总动员委员会印。手册包含山东省鲁南民众总动员委员会的基本精神、任务、注意事项、组织原则及系统、与各方面关系、组织条例六项内容。

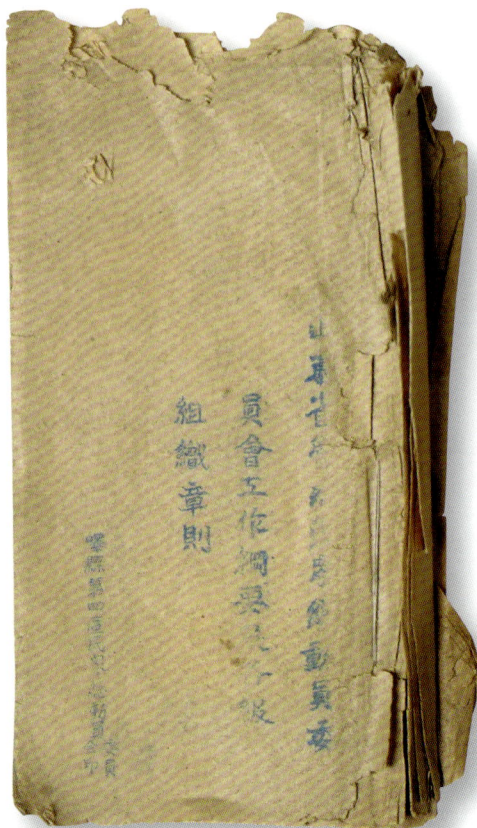

山东省鲁南民众总动员委员会是在日、伪"扫荡"鲁南之后，根据鲁南特殊地形配合战略关系，团结广大爱国进步知识分子在山东省民众总动员委员会之下成立的统战组织，由高树勋任主任委员（实际上由范明枢负责），田佩之任秘书。该委员会下设组织部、武装部、宣传部、后勤部四部。鲁南民众总动员委员会成立后，积极推动建立鲁南各县民众总动员委员会，贯彻执行我党的抗日民族统一战线政策，坚持发动群众，团结抗战，宣传国共合作，抵制国民党压制群众、限共反共、制造摩擦的反动政策。随着各县动员委员会的纷纷建立，根据地的抗战勤务工作广泛开展起来。

清河区青年救国总会油印《清河区
青年运动——一年来的工作总结》

1940年12月
山东博物馆藏

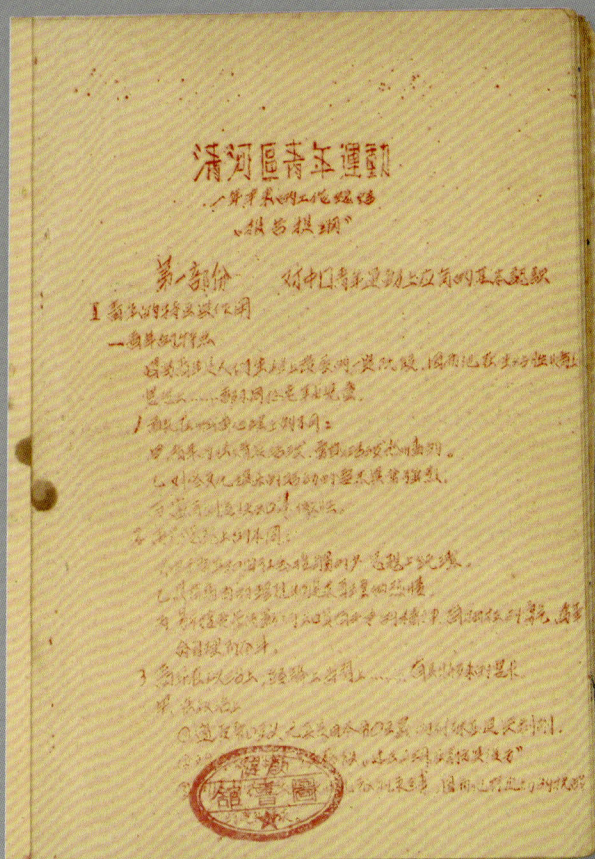

《清河区青年运动——一年来的工作总结》
（夏戎同志在第二次青年代表大会上的报告），清
河区青年救国总会油印，阐释了中国青年运动特
点、发展规律以及对抗战中的青年运动的基本认
识，总结了山东清河区青运会一年来的工作，并指
出今后青年运动的发展方向。

1939年8月，根据中共中央军委部署，八路军
第一纵队正式成立，统一指挥山东和苏北境内的
八路军各部队。在第一一五师主力入鲁作战的同
时，山东纵队在鲁中、鲁东南、清河、胶东等地
广泛开展游击战争。为进一步加强党对清河地区
平原游击战争的领导，1940年10月，中共清河地
委在博兴纯化镇召开了清河地区党的代表大会。

根据中共山东分局的指示，在会议上正式成立了
中共清河区党委，由景晓村任书记。为推动清河
区各抗日群众团体的建设，加强领导，组织全区
各界一致抗战，1940年12月，清河区党委在博兴
纯化镇召开了工农青妇文化界联合会代表会议，
正式成立了清河区各界抗日救国联合会，并相继
建立了清河区职工、农民、青年、妇女抗日救国
总会，还在各分区设立了分会。至此，清河区经
过由弱到强、由小到大、艰难曲折的发展历程，
正式形成了党、政、军、群领导机构齐全，具有
较稳固的根据地和较系统完整的组织机构的重要
战略区，成为山东抗日根据地初期的7个战略区
之一。

抗战时期清河区青年抗日救国总会创办的《青年人》刊物

中共山东分局第三区党委翻印《中共中央关于统一抗日根据地党的领导及调整各组织间关系的决定》

1942年
山东博物馆藏

　　该决定由中共山东分局第三区党委于1942年翻印。1939年7月，胶东区改称山东分局第三区，习惯上仍称为胶东区。1942年3月，日、伪1万余人对胶东抗日根据地进行春季大"扫荡"，八路军采用"翻边战术"分区坚持，相互配合，打击日、伪，彻底粉碎"扫荡"。同年7月，山东军区命令撤销山东纵队第五支队番号，第五支队机关改建胶东军区，许世友任胶东军区司令，林浩任政治委员，下辖东海、北海、西海、南海军分区。同年，侵华日军华北方面军司令官冈村宁次指挥，对胶东抗日根据地发动了空前规模的冬季大"扫荡"。针对敌人

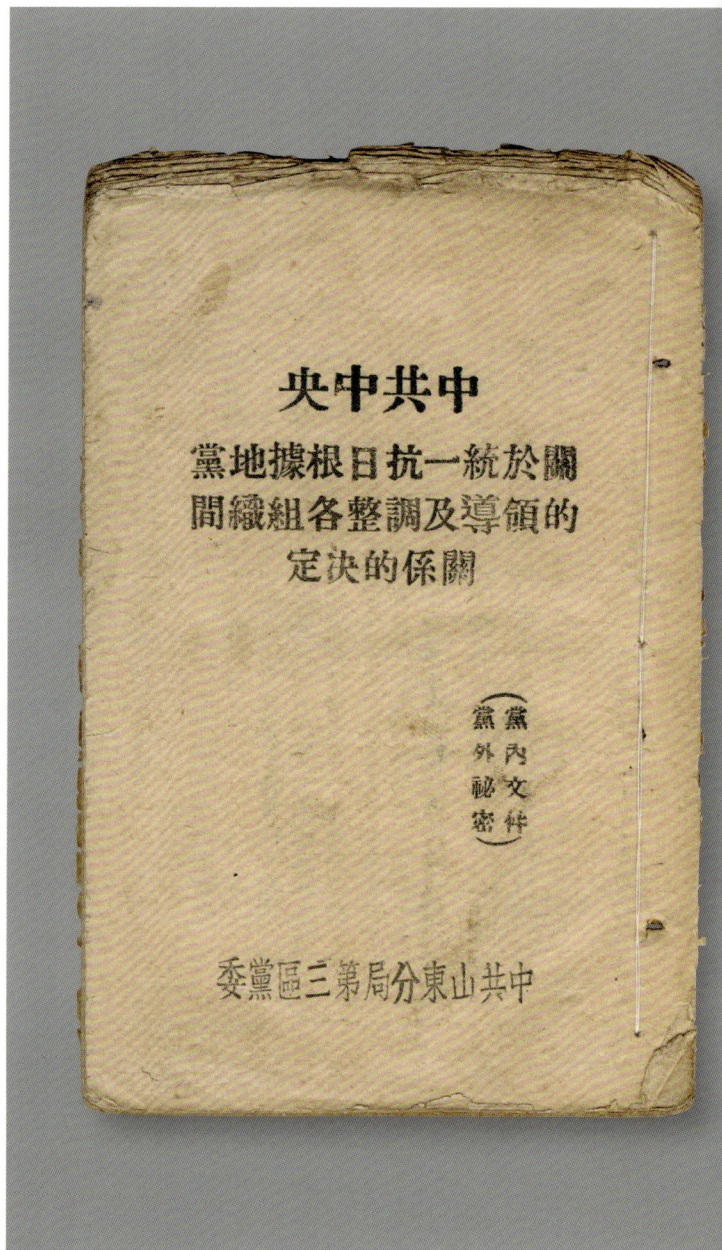

中共中央
关于统一抗日根据地党的领导及调整各组织间关系的决定

（党内文件党外秘密）

中共山东分局第三区党委

1940年元旦，山东纵队第五支队在胶东举行军政大检阅，这是刺杀表演。

政委不必兼黨委書記時，須得上級黨委或中央之批准。

軍隊中軍政委員會及政治部，為同級黨委（中央局、分局、區黨委、地委）的一個部門，與其他部門（如組織部宣傳部）有平等權力和義務，不隸屬其他部門或委員會。但與其他部門不完全相同，仍保持其上下級直接領導上隸屬關係。軍事政策、擴兵建軍原則等等。與軍事行動的軍政方針（如反掃蕩的戰略戰役的計劃及總結等）須交同級黨委員會討論。但具體軍事行動，由司令員政治委員（即黨委書記）決定之（司令員與政治委員對軍事行動之最後決定權依照政治工作條例）。事實上賦限制約民主討論，只會引導軍事行動走上失敗。至軍隊主要人員的任用，仍須經過軍事機關依照已定規則實行之。

— 7 —

主力軍參加之縣委）及分區委同包含地方軍以及政府黨的負責人。各級黨委的書記，應善選擇能掌握黨政軍民全面工作的同志擔任。因此黨委書記不懂須熟諳黨務工作，還必須懂得政權工作、懂得戰爭。地委書記人選由區黨委議定經分局向中央局批准。區黨委書記人選經中央分局議定經中央批准之。

凡統一地方黨與軍隊黨兩領導，分局與區黨委以及逤委書記均兼任軍區、軍分區（師或旅）政委，另設副書記管理黨務工作。如軍區、軍分區政委被選為分局區黨委地委書記時，則可設副書記。專管軍隊工作。分局、區黨委、地委書記必須掌握全盤照顧各方面的工作，除兼政委外再不宜兼任其他具體工作。如有個別情形特殊，黨委書記不必兼政委或

— 6 —

的"拉网合围"，八路军执行"保存有生力量，保卫根据地，分散活动，分区坚持"的方针，在胶东人民和地方武装的大力支持下，同日、伪军展开英勇斗争，毙伤日、伪军2000余人，最终粉碎了冬季大"扫荡"。在组织军民粉碎日、伪"扫荡"和顽军进攻的同时，胶东党组织还根据中央要求，积极开展减租减息运动、整风运动，实行精兵简政，不断巩固和扩大抗日民主政权。

中共山东分局第三区党委翻印《中国共产党巩固抗日根据地的十大政策》

1941年
山东博物馆藏

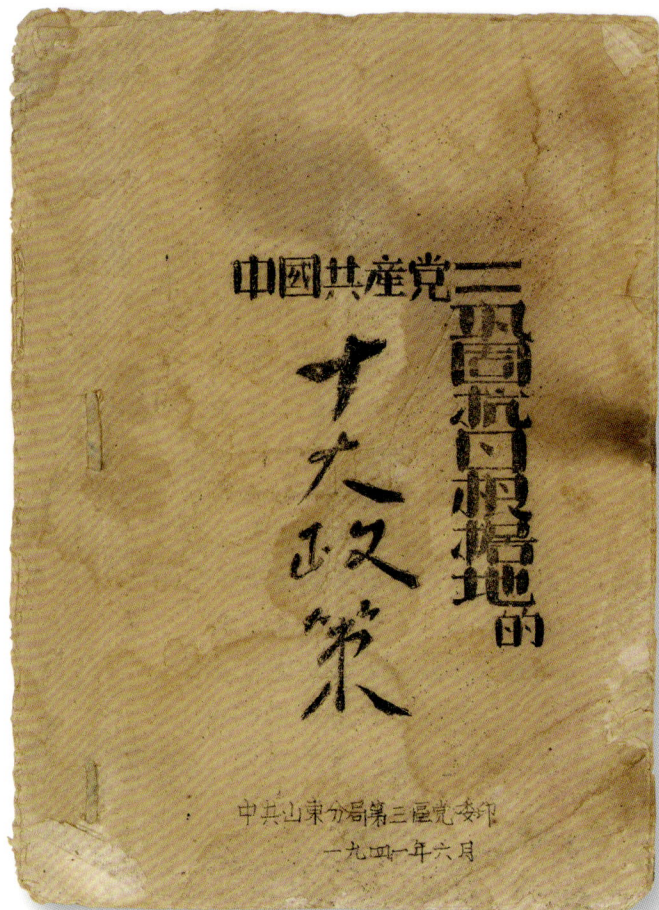

　　中共山东分局第三区党委于1941年6月翻印。1939年1月，中共中央山东分局正式批准撤销胶东特委，建立胶东区党委。7月，山东分局决定，胶东区党委改称中共中央山东分局第三区委员会，但习惯上仍称胶东区党委。

　　抗战时期，日军对敌后抗日根据地实行报复性的"扫荡"，国民党政府也早已停发八路军的薪饷物资，加之严重自然灾害的侵袭，敌后抗日根据地遭受了极大的困难。面对抗战的严重困难，为建立和巩固敌后抗日根据地，调动各阶级、各党派的抗日积极性，巩固和发展根据地人民的团结，毛泽东同志起草《中共中央政治局关于减租、生产、拥政爱民及宣传十大政策的指示》。这十大政策是：第一，对敌斗争；第二，精兵简政；第三，统一领导；第四，拥政爱民；第五，发展生产；第六，整顿三风；第七，审查干部；第八，时事教育；第九，"三三制"；第十，减租减息。十大政策的提出意在使各抗日根据地成为政治民主、经济发展、政府廉洁的新民主主义社会，为度过极端艰苦的敌后抗战阶段奠定了重要的政治基础。抗战时期，山东抗日根据地也成为党中央高度评价的执行党中央十大政策的模范根据地。

一 抗日民主政权的民主制度

我們在抗日根據地的政權問題上，主張实行三三制的政权組織，共產黨員只佔三分之一，或少於三分之一，其他友黨及無黨羣派的抗日人士佔三分之二。我們不但不反对，而且歡迎願意團結抗日的民族資産階級，開明士紳，小資産階級的代表参加。我們既不贊成國民黨的一党專政，我們也決不贊成共産黨的一党包办。

1

二 抗日根據地的劳动政策

我們主張為着發動工人抗战的积极性對于工人生活必須实行适当的改良，但增加工資與减少工作時間均應有一定的限度，不能過多，在目前為增加抗战生產的需要，在某些生產部门可以的量採取十小時工作制。劳資間訂立劳动契約，在訂約后該本着雙應遵行，工人也願意遵守劳动紀律，以便使生產可以經常進行。對于劳資間的关係，必須始終團結，抗战，建口的立场上隨時加以适当的調制。

2

九 抗日根據地的少数民族与外交政策

對於少数民族則我們給以平等的待遇，還以民族自決的原則。在目前主要争取他們與汉族巩固團結，共同抗日，及反对大汉族主義對於他們的錯誤與壓迫。对於我以外其他口家，則我們主張親密聯合社会主義的蘇聯，親蘇聯各口劳动人民與被压迫民族，同時在独立，自主，抗战，建口的原則下，正政運用各帝口主義間的矛盾（如两大帝口主義陣線間的矛盾共統一帝口主義陣線各口間的矛盾）但同時反对変更我自己排斥任何帝口主義口家。

十 抗日根據地的軍事政策

我們主張加强共扩大抗日的武裝力量，我們欢迎在各党各派及無党無派的真正的抗日人士，共八路軍新四軍共同抗战，並给以优于一般共産党員的特别待遇。

海阳县政府布告
（秘字第壹号）

1941年
山东博物馆藏

　　海阳县政府布告（秘字第壹号），县长张维兹于1941年6月签发。1941年4月9日，海阳县抗日民主政府在盘石店乡小店村成立。张维兹任县长，同时选出4个区的区长。海阳县抗日民主政府成立后，着手对农村旧政权进行改造，废除保甲制，建立村级人民政权。

　　1941年6月19日，海阳县抗日民主政府发布第一号布告。布告颁布了8条施政纲领：①精诚团结，动员一切力量坚持抗战到底，争取最后胜利；②展开宪政运动，实施民主政治；③摧毁伪组织，巩固抗日政权；④改善人民生活，提高人民抗战情绪；⑤实施战时财政经济建设，实现自力更生；⑥实行抗战教育，使教育为长期抗战建国而服务；⑦广泛地组织民众，动员民众参战；⑧适应敌后方人民要求，改善司法制度。

　　布告公布后，得到全县人民的热烈拥护。海阳地区各级人民政权迅速建立，各政府机构也相继成立，同时改革不合理旧制度，使整个海阳地区的革命斗争进入了新阶段。

中共山东分局第三区党委印《中国共产党中央委员会为抗战五周年纪念宣言告抗日根据地全体党员和八路军新四军将士书》

1942年
山东博物馆藏

中共山东分局第三区党委印。《中国共产党中央委员会为抗战五周年纪念宣言告抗日根据地全体党员和八路军新四军将士书》，以1942年7月7日《解放日报》刊印的《中国共产党中央委员会为纪念抗战五周年宣言》（以下简称《宣言》）为指引，在抗战新形势下敬告山东抗日根据地的全体党员和八路军新四军将士。

《宣言》分析了世界反法西斯战争的形势，为建设战后新中国提出了方针。同时指出了我们面临的问题：①如何争取时间，克服困难，以达抗日的最后胜利；②如何对目前的抗战及对战后中国的建设取得各党派的一致意见，以便更好地团结抗战，团结建国。同时《宣言》告诫越是接近胜利越应警戒危险，日、伪还在"扫荡"敌后与进攻正面，还在挑拨中国内部的团结。同时，国共关系还是很不正常，财政经济的困难还是很大，鼓励根据地军民熬过这个困难的年头，以排除万难坚忍卓绝的精神争取胜利。《宣言》号召按照合理原则改善国共两党及一切抗日党派间的关系，加强国内团结，不给日、伪以任何挑拨离间的机会。也建议与国民党及各抗日党派商讨，解决过去国共两党间的争论问题，为战后建立建设独立的、统一的、和平的、民主的、繁荣的、各党各派合作的新中国提出了共同方针，坚定了全国军民的胜利信心。

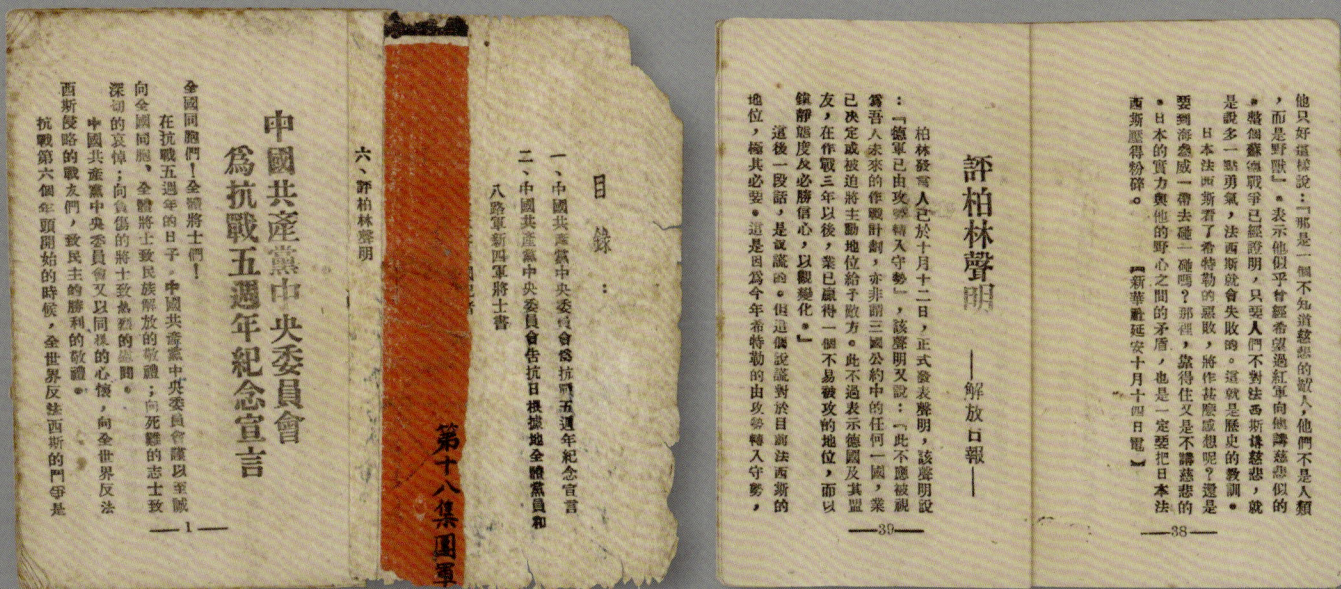

东海专署翻印《中国共产党
中央委员会为抗战五周年
纪念宣言》

1942年
乳山市文物保护中心藏

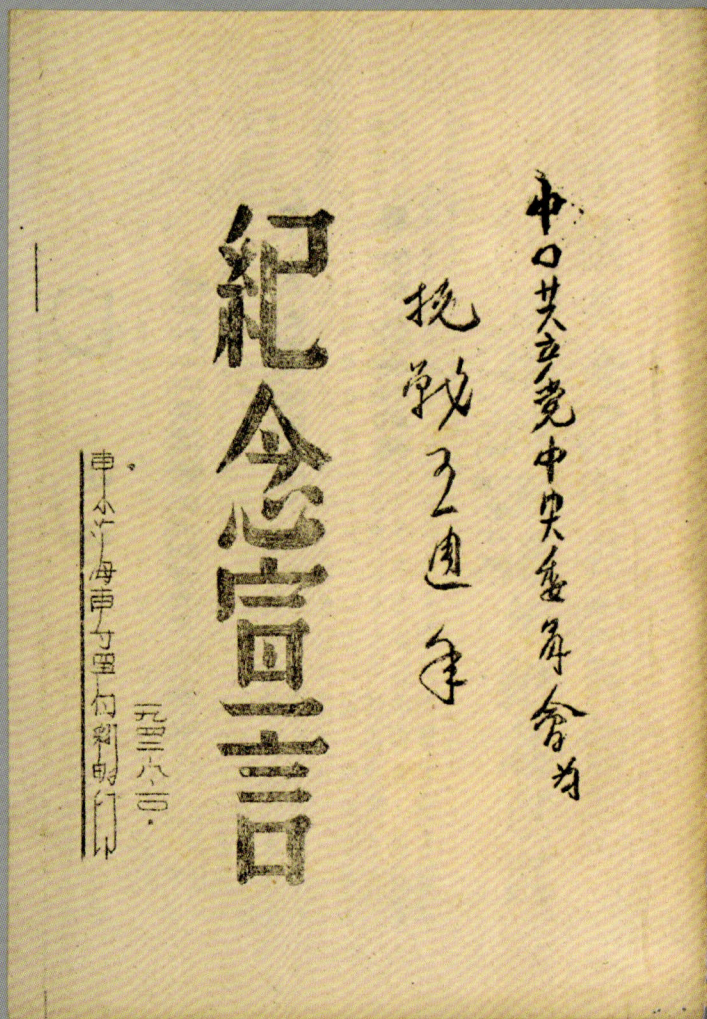

刻版印刷，共34页。由东海专署于1942年8月10日翻印。全书不仅收录了《中国共产党中央委员会为抗战五周年纪念宣言》，还收录了《山东省战时施政纲领》《胶东战时施政纲领》《抗日民主政权三三制组织形式》，全面系统地向党员干部群众介绍了党中央、山东省、胶东区的大政方针、施政纲领以及"三三制"政权组织相关知识，使人们能正确认清国际、国内形势，贯彻落实党的方针、政策，有效团结各抗日阶级和阶层，建立抗日民主政权，全面发展根据地的政治、经济、文化、军事、卫生、教育等各个方面，具有积极的指导性作用。

东海专署于1940年9月成立，辖威海卫行政办事处和荣成、文登两县抗日民主政府。1941年2月，增加牟平、海阳两县政府和牟海行署（乳山县政府）、文西行署（昆嵛县政府）和威海卫办事处。专属机关驻文登、牟平、乳山等地。1950年，东海专署被撤销。

1942年7月7日《解放日报》刊印《中国共产党中央委员会为纪念抗战五周年宣言》

群众报社印《中共中央为纪念抗战五周年、六周年宣言》

1943年
山东博物馆藏

1943年7月由群众报社印。《中共中央为纪念抗战五周年、六周年宣言》（以下简称《宣言》）指出，中国是反法西斯盟国之一，应更好地配合同盟国作战争取抗战的最后胜利。"整个中国战场上，六年来的作战，实际上是被划分为正面与敌后两大战场，这两个大战场的作用，是互相援助的，缺少一个，在目前就不能制止法西斯野兽的奔窜，在将来就不能驱逐这个野兽出中国，因此必须增

强这两个战场互相援助的作用。特别是因为处在敌后战场上的抗日军民，他们抗击了日本匪军的半数以上，而其处境较之正面战场要困难百倍，因此加强对于他们的援助是义不容辞的。"《宣言》认为只有加强这两个战场的互相援助，特别加强对于敌后抗战军民的援助，才是加强整个中国战场作战努力的具体办法。

《宣言》分析了全世界反法西斯同盟与法西斯侵略同盟两大阵营所发生的力量对比的巨大变化及其意义，指出"在中国抗战的第七年，为了克服现有的困难和准备好将来反攻时的力量，中共中央向国民党政府提出四项建议：应该加强作战；应该加强团结；应该改良政治；应该发展生产。"《宣言》重申了中国共产党纪念抗战五周年宣言中提出的战后合作建国的主张。

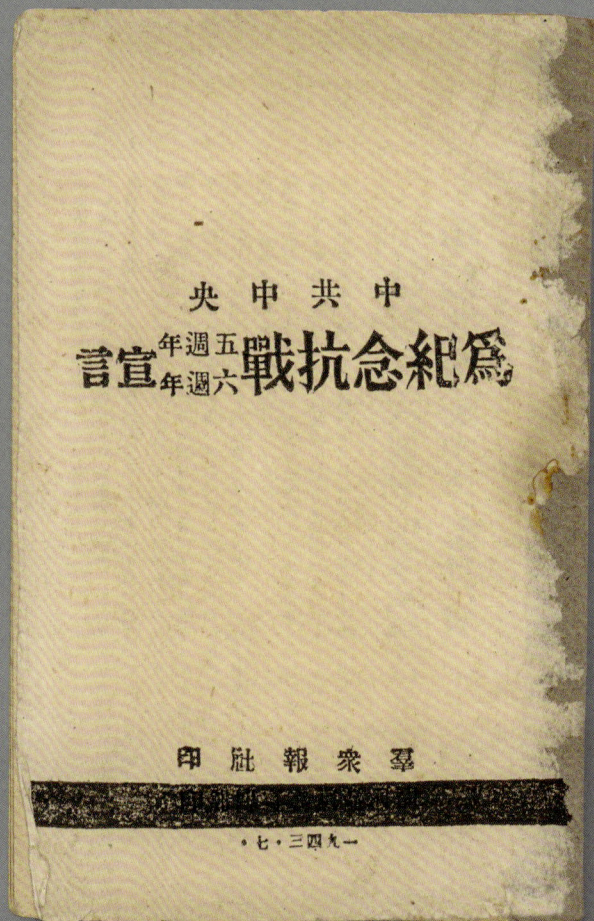

冀鲁豫八地委出版《工作报导》（第六册）

1944年
冀鲁豫边区革命纪念馆藏

冀鲁豫八地委出版《工作报导》（第六册）主要内容有：抗日战争时期，中国共产党领导的敌后抗日武装在河北、山东、河南三省交界的广大地区创建了一个东至津浦路，西至平汉路，北至石德路、滏阳河，南跨陇海路的冀鲁豫抗日根据地。由小到大，逐渐发展成为全国最大的平原抗日根据地，人口将近两千万，为抗日战争胜利作出了重要贡献。

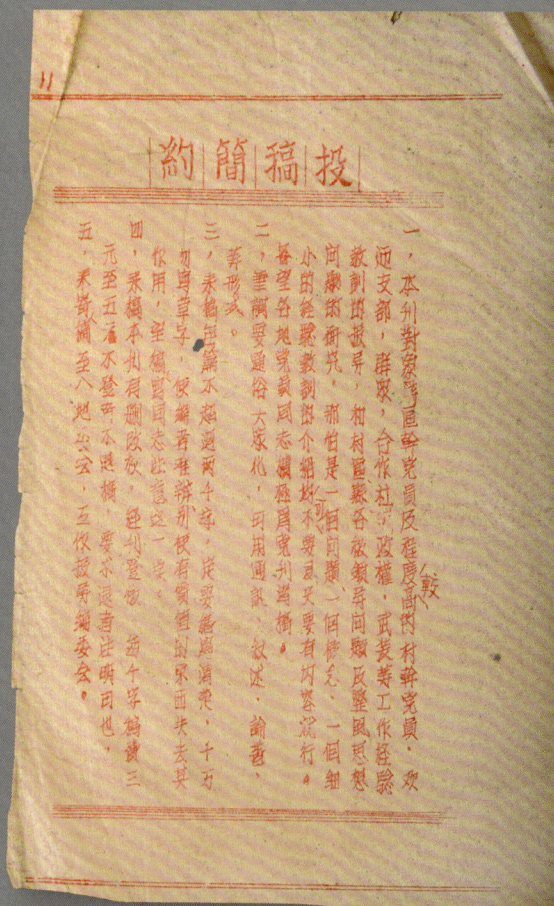

冀南军区印《冀南民主法令十八种》

1942年
山东博物馆藏

　　冀南军区1942年油印，《冀南民主法令十八种》主要记录冀南军区施行的18种民主法令。包括：《荣誉军人抚恤暂行条例》《冀南军区军政字第一号联合令》《晋冀鲁豫边区政民工作人员伤亡褒恤办法》等一系列抚恤条例。因伤病退伍与阵亡者，一切抗日军人，不论其为现役、牺牲、殉国及因残废退伍回籍或调任其他抗战工作，其家属仍受优待。

　　山东民主政权成立初期，开展了初步的拥军优抗工作，主要是给抗（工）属一些物质优待和在一定时期帮助军队扩军、归队，但拥军工作并未有计划有组织地进行。随后在中共中央号召和山东分局的领导下，山东拥军运动蓬勃开展，形成了群众性的热潮。拥军、参军、优属和荣誉军人工作成为政府工作的重要部分。抗日根据地颁布了拥护抗日军队的决定、指示，修正优待抗日军人家属条例及其实施办法，并制定了抚恤阵亡将士及荣誉军人暂行条例，统一了优抗规定。山东抗日根据地改善了抗日军人家属生活，提高了他们的社会地位，巩固与扩大了抗日部队。

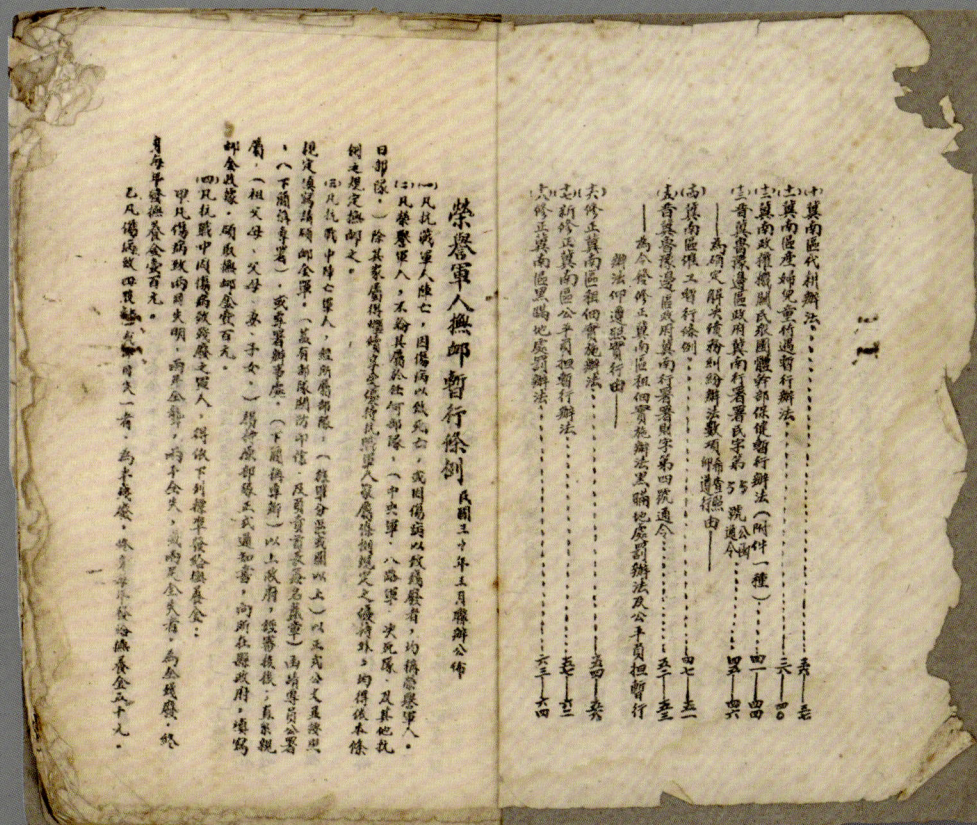

渤海日报社印
《敌后抗日根据地介绍》

1944年
山东博物馆藏

　　1944年9月渤海日报社印。介绍了晋察冀边区、华中抗日根据地、晋绥边区、山东抗日根据地、山东滨海区、东江与琼崖抗日根据地等几个重要的敌后抗日根据地，从建立到发展壮大的艰难斗争历程。敌后抗日根据地是敌后抗日游击战争赖以长期坚持的战略基地和后方，是抗战的坚强堡垒。它的建立和发展为中国革命保存和积蓄了力量，不仅为抗日战争的胜利，而且也为民主革命在全国的胜利奠定了基础。

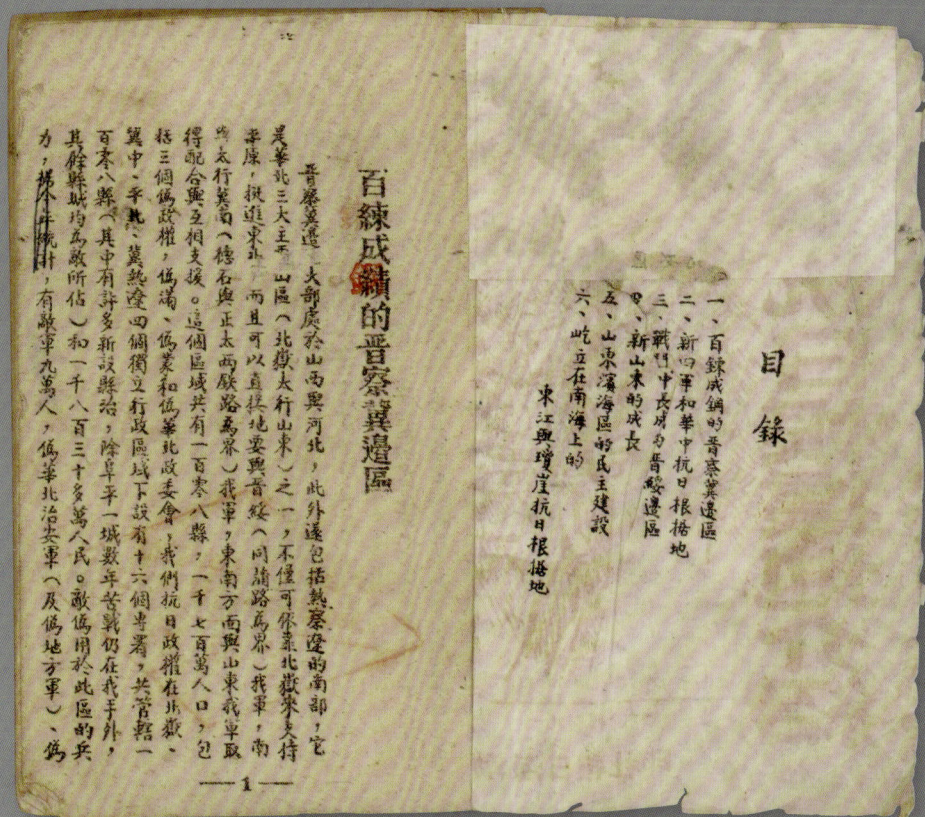

中共中央山东分局使用过的铁质油灯

1938年
沂水县中共中央山东分局旧址藏

这两盏油灯，是中共中央山东分局驻王庄时的历史见证。1938年12月，中共苏鲁豫皖边区省委改为中共中央山东分局，郭洪涛任书记。中共中央山东分局下设组织部、宣传部、统战部、社会部等部。中共中央山东分局机关在沂水县王庄天主教堂的传教区办公，天主教堂前二层小楼有20余间房屋，是当时中共中央山东分局各部门的办公室和工作人员宿舍。

中共中央山东分局旧址（位于山东省临沂市沂水县夏蔚镇王庄村）

山东省临时参议会主要成员合影

山东省参议会关防

1945年
山东博物馆藏

　　关防是印信的一种。1940年7月至8月，山东省联合大会在临沂县青驼寺召开，选举产生山东省临时参议会和山东省战时工作推行委员会。山东省临时参议会采取"三三制"原则，由民主人士范明枢担任议长。山东省临时参议会是山东抗日根据地的最高民意机关，它在实行民主、保障民生、支持抗日方面作出了重要贡献。1945年，山东省临时参议会改称山东省参议会。

《山东省人权保障条例》

1940年
山东省档案馆藏

抗日战争时期，中国共产党以马克思主义人权理论为指导开展广泛的人权建设。1940年11月11日，山东省临时参议会颁布《山东省人权保障条例》。条例规定人民有人身不受侵犯的权利和抗日武装的自由，有言论、出版、集会、结社、居住、迁徙、宗教信仰和参与政治活动的自由等，这是抗日战争时期最早颁行的人权保障法规，也是中国共产党历史上公开发表的第一个专门的人权保障条例。山东抗日根据地颁布的《山东省人权保障条例》在中国人权建设的过程中具有先行意义。抗日根据地人权建设调动了广大抗日军民的积极性，为抗日战争奠定了基础，促进了根据地民主政治和法治建设的发展，为中国共产党全国执政和新中国人权建设奠定了基础。

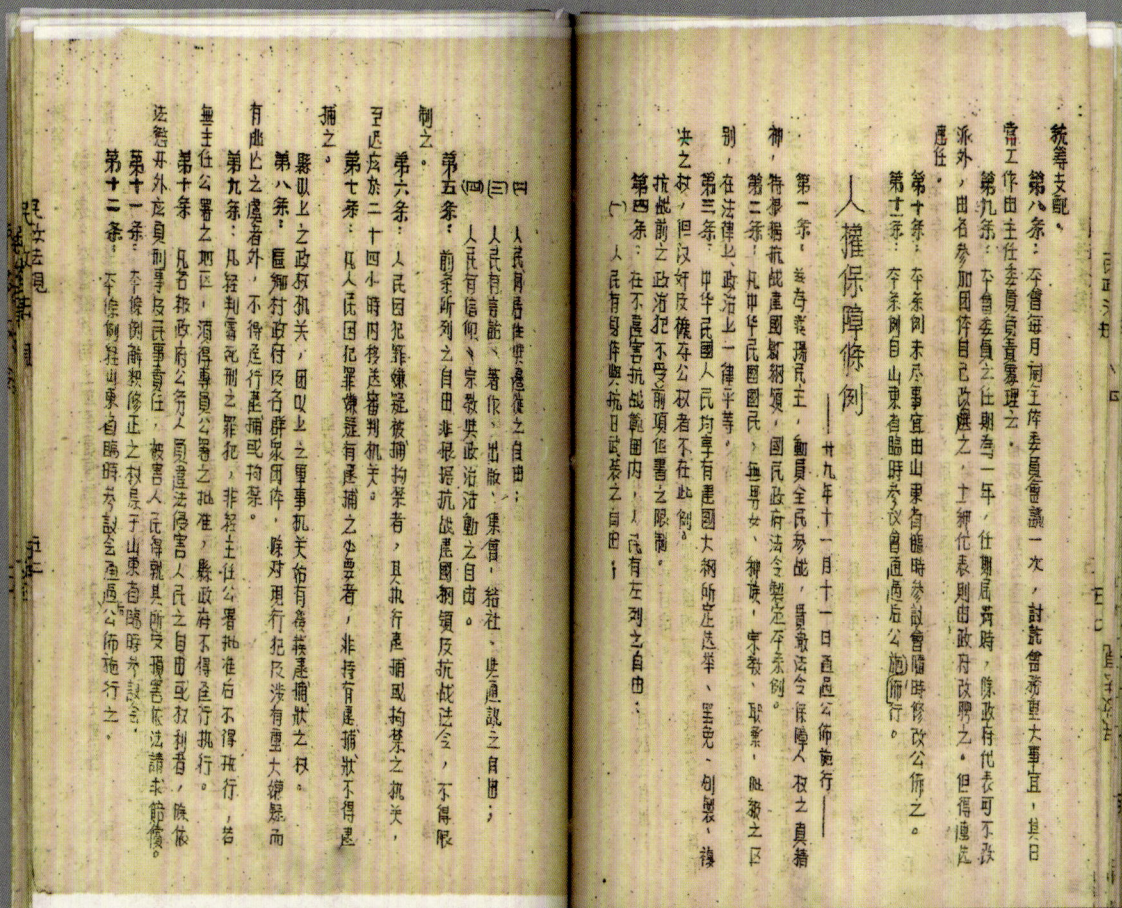

山东抗日根据地群众团体参加选举大会

山东省临时参议会印
《山东省单行法规》

1941年
山东博物馆藏

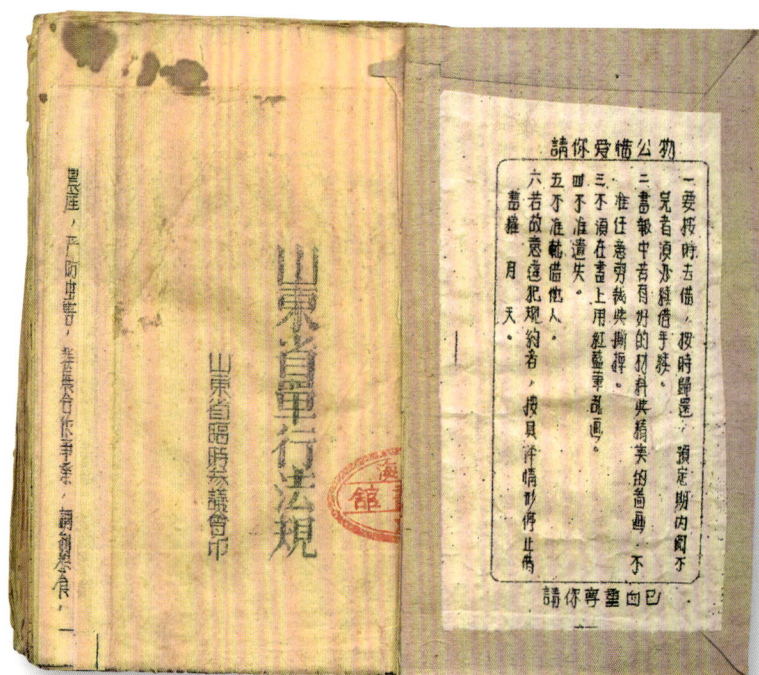

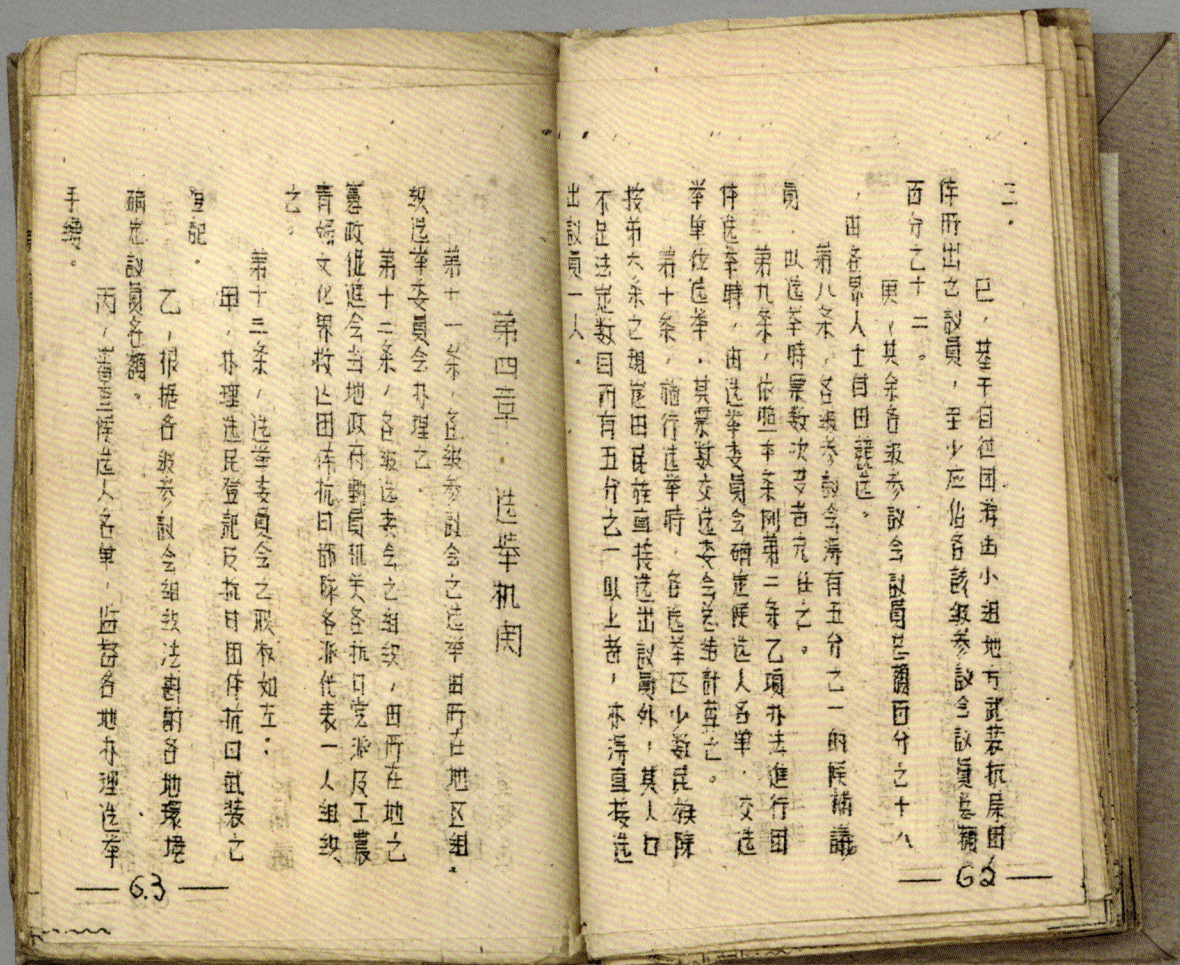

　　1941年山东省临时参议会印，单行法规是指立法机关根据具体的问题制定的法律、法规，是处理相关问题的直接法律依据。该册子同时还收录了《山东省战时施政纲领》《山东省战时县区乡村各级政府组织条例》《山东省临时参议会组织条例》和《山东省金库暂行条例》等文件。

　　抗日战争时期，为了巩固革命政权、打击各种敌对分子和敌对势力，山东抗日根据地根据党中央的指示颁布了一系列法律、法规，并在此基础上建立了各级司法机关，不仅保障了革命政权的稳定、保障了根据地人民正常生产生活，而且为党更有效地组织各界力量进行抗日战争奠定了坚实基础。山东抗日根据地法治建设内容十分丰富，同时也真实反映了抗战时期斗争环境严峻复杂。山东抗日根据地法治建设一方面是对党领导的土地革命战争时期法治建设经验的总结、继承和发展，另一方面又为解放战争时期民主政权的法治建设奠定了基础，提供了经验，在新民主主义革命法治建设中起着承上启下的作用。

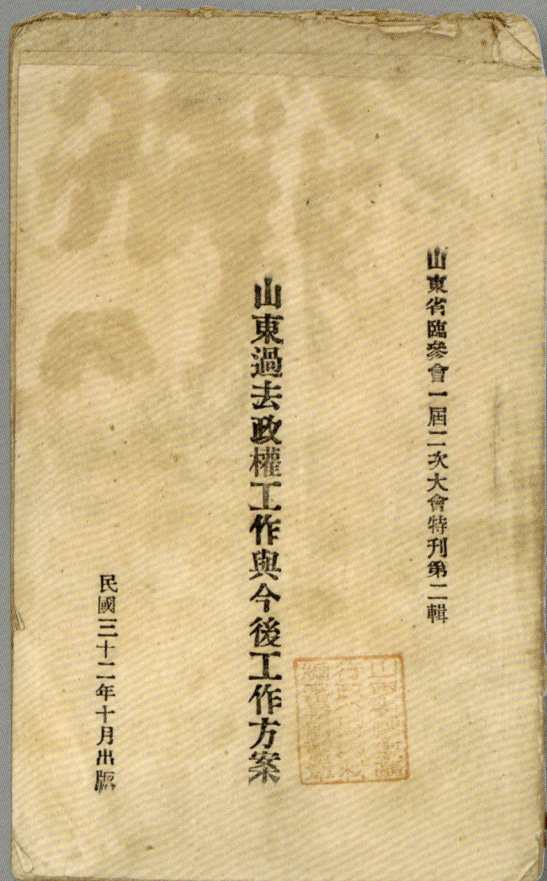

《山东过去政权工作与今后
工作方案》

1943年10月
山东博物馆藏

　　1943年10月印，山东省临时参议会一届二次大会特刊第二辑。主要刊载1943年8月20日由黎玉签发的《山东过去政权工作与今后工作方案》。总结了山东抗日民主政权产生和发展的历史过程及取得的成绩，提出了今后的政权工作任务：保卫和巩固山东抗日根据地。

　　山东省战时工作推行委员会（简称省战工会）自1940年8月成立以来，在中共中央山东分局的正确领导下做了大量的行政工作，有力地推动了山东抗日根据地的建设与巩固，在施政实践中积累了丰富的经验，各级政权也逐渐完善起来。为了适应山东抗日根据地斗争形势发生的重大转折和山东抗日根据地面临大发展的客观需要，山东省临时参议会举行了一

届二次会议。大会充分肯定省战工会的工作成绩，考虑到国民党政府已随于学忠的东北军离鲁情况等，从坚持独立自主更有力的工作，加紧建设新民主主义新山东的实际需要出发，决定将山东省战时工作推行委员会改组为山东省战时行政委员会。

　　新的改组有力地促进了工作的开展。减租减息与大生产运动既促进了生产又改造了村政权；在工商管理工作中以农民为基础，认真谨慎地处理好了财政与经济的关系，使根据地经济得到发展、人民生活得到改善；在拥军优抗上，实行双拥和帮扶政策，积极促进了人民群众的参军工作；在教育方面，把实际同课堂联系起来，培养了许多高级知识应用型人才等。

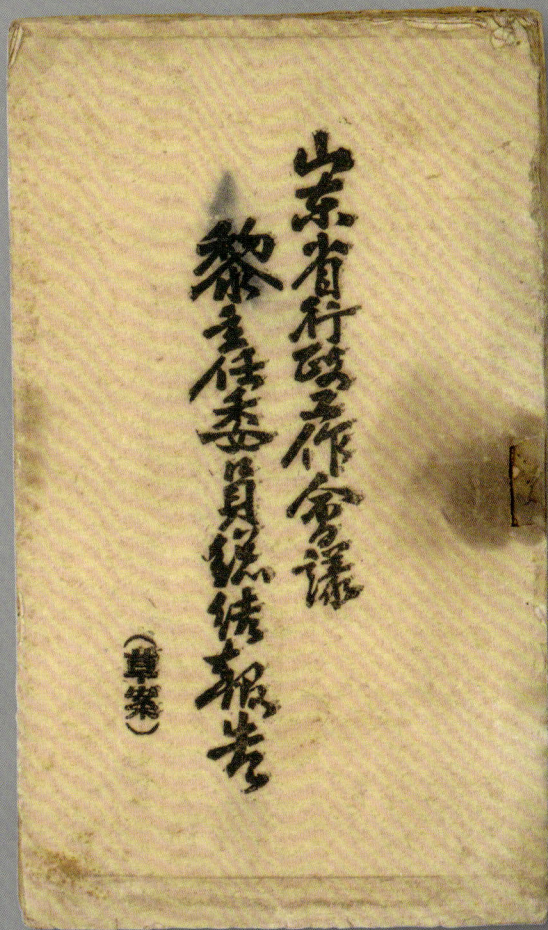

🚩

**《山东省行政工作会议黎主任委员
总结报告（草案）》**

1944年
山东博物馆藏

《山东省行政工作会议黎主任委员总结报告
（草案）》分三个部分，分别从"关于政权干部思
想建设问题""各项政策与今后任务""今后领导
问题与作风问题"方面提出问题和对策。

报告指出当时不少同志出现思想混乱，缺乏抗
日思想与民主思想的统一，要求政府人员认清抗日
民主政权的革命性质，认清中国革命的性质和今后
的任务；要求政府领导转变工作作风，首长熟悉政
策法令，打通民主思想，学会民主作风，积极开展
大生产运动，拥军优属，实行教育改革，带领群众
完成伟大任务。

渤海行政公署翻印《山东省各级参议会及各级政府组织条例》

1944年
山东博物馆藏

　　山东省临时参议会1940年11月7日通过，1943年9月修订，渤海行政公署1944年3月翻印。

　　条例规定"县政府为代表全县抗日人民之抗日民主政府，为实行地方自治之领导机关"。县政府设县政委员会，由县临时参议会选举委员7至13人组成。县政府设县长1人。县政府工作部门设置秘书处、民政科、财政科、粮食科、经济建设科等十几个科室，并详细规定了各科室科长、科员的人数。此外，县政府根据工作需要，还可设置地方设计行政委员会、优待救济委员会、合作事业指导委员会、经济建设委员会、教育委员会等临时机构。山东省抗日民主县政府的组织建设渐趋正规。各县抗日民主政府的组织机构，一般按《山东省战时县区乡村各级政府组织条例》设置。

目錄

一、山東省臨時參議會組織條例
二、山東省行政區臨時參議會組織條例
三、山東省察參議會組織條例
附件
四、山東省戰時行政委員會組織條例
五、山東省行政公署組織條例
六、山東省行政督察專員公署組織條例
七、山東省縣政府組織條例
八、山東省區公所組織條例
九、山東省

修正山東省臨時參議會組織條例
（山東省臨時參議會第三年九月修正通過）

第一章　總則

第一條　本條例依據國民政府政會第一屆第四次
會議決議及國民政府頒布省臨時參議會
組織條例之基本原則，並適應本省情
形，參酌本省具體情形制定之。

第二條　山東省臨時參議會（以下簡稱本會）
為代表本省人民之最高權利機關，
第二章　參議員

滨海区行政公署印
《山东省婚姻暂行条例浅释》

1945年
山东大学图书馆藏

　　刘锡九著，滨海区行政公署油印本。1945年3月16日，根据《山东省战时施政纲领》中规定的"男女平等""婚姻自由"及"一夫一妻"等原则，刘锡九编写了《山东省婚姻暂行条例》，并由山东省临时参议会通过，山东省战时行政委员会公布施行。这是继1942年8月实施《山东省胶东区修正婚姻暂行条例》、1943年6月27日颁布实施《山东省保护抗日军人婚姻暂行条例》之后，山东革命根据地实施的又一部重要婚姻暂行条例。条例共六章二十四条。由于该条例条文比较简约，根据地农村又缺少经验丰富、知识渊博的司法工作者，致使贯彻执行有一定的难度和偏差，于是刘锡九依据条例原文，逐条进行通俗解释，主要用于指导基层司法工作者，并于1945年9月由滨海区行政公署油印出版。

　　刘锡九，生卒年不详。2005年新华出版社出版邱民亭主编《山东省政府诞生与红色莒南》，其第63至64页有"1942年，实行精兵简政，……战工会司法处副科长刘锡九也到日照县府任司法科长"的记述，知其在抗战期间曾任山东省战时工作推行委员会司法处副科长，1942年任日照县司法科科长，直至抗战胜利后一直从事司法工作。

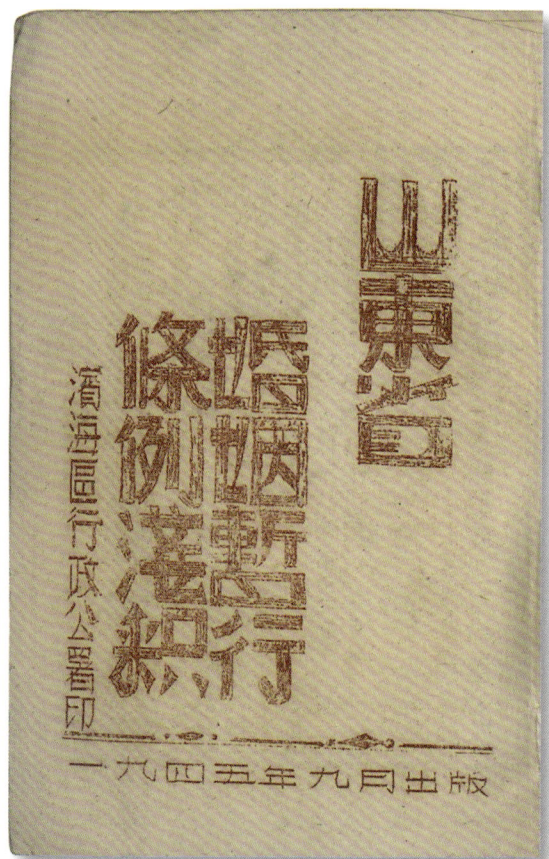

前言

我們農村中的廣大婦女，還受着男女不平的壓迫，並且廣大的男女也還受着婚姻不自由的束縛，即所謂"父母之命，媒妁之言"的代辦制度的束縛．我山東抗日民主政權，前省政委會曾為打破這種封建的壓迫其束縛，便頒佈了男女平等，婚姻自由的合理的婚姻暫行條例，以條文比較簡約，尚為一般人所不能全部了解．尤其我濱海區司法工作同志，初裁，為的幫助工作同志的了解，並便提示同志们注意對群眾進行教育，為逐條加以解釋，名曰"淺釋"．本人原來學識淺陋，以示同志们之參考書籍，謬悞實多，希同志们及時惠研究，以便利正出．

劉錦九

渤海区党委翻印《关于对敌斗争问题——萧华同志在全山东政治工作会议上的总结报告》

1944年
滨州市博物馆藏

1944年5月10日渤海区党委翻印。报告分为"一九四三年敌我斗争的回顾""几个对敌斗争工作的总结""今后对敌斗争的任务"共三个部分。1944年4月至5月上旬，八路军山东军区在日照碑廓镇召开政治工作会议。时任山东军区政治部主任的萧华在会上作了题为"关于对敌斗争问题"的报告，提出了"坚持抗日根据地，积蓄力量，准备反攻"的对敌斗争总任务，并确定了作战基本方针，对争取最后的抗战胜利，具有十分重大的意义。

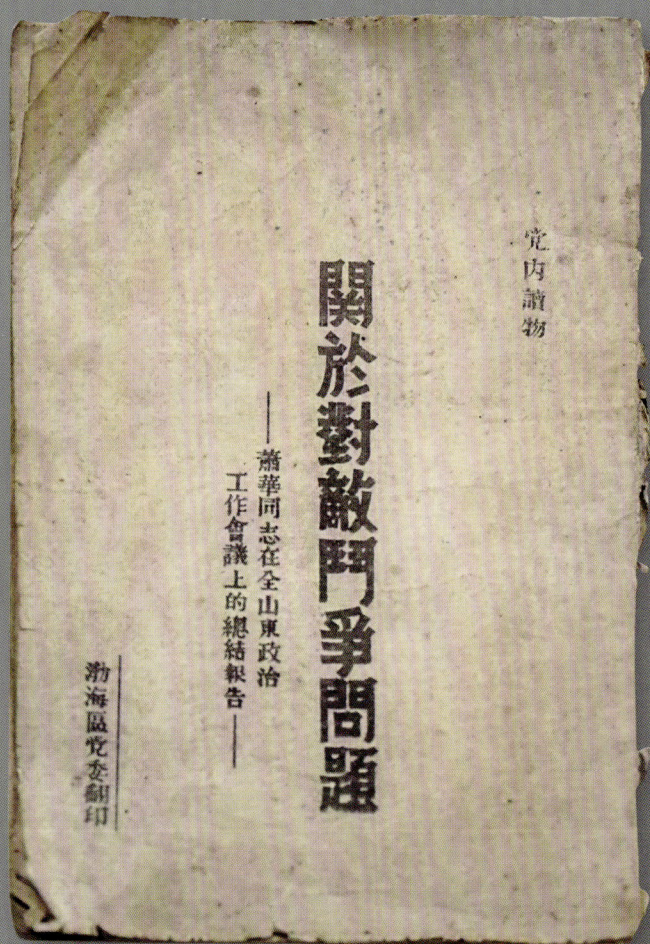

晋冀鲁豫边区政府正副主席候选人票数计算表

1941年
临清市档案馆藏

1941年7月，晋冀豫临时参议会第一次会议在太行辽县桐峪召开。参加大会的138名参议员中有共产党员46名。同月，临时参议会大会主席团通过决议，将晋冀豫临时参议会更名为晋冀鲁豫边区临时参议会，并通过了成立晋冀鲁豫边区政府的决议。同时大会选举了边区政府主席、副主席。该计算表是由当时参加选举会议的崔月亭保存，并由其子崔戟才捐赠，是晋冀鲁豫临时参议会选举活动的真实记录。

1945年3月，晋冀鲁豫边区第一届参议会分别在太行、太岳、冀鲁豫召开。1948年5月，晋冀鲁豫和晋察冀两区合并成立华北解放区。8月，华北临时人民代表大会在石家庄召开，晋冀鲁豫边区参议会宣告结束。

山东省临时参议会通过《山东省县参议会组织条例》

1943年9月
山东博物馆藏

　　1943年9月山东省临时参议会通过。内容主要有：本省为推行民主政治，各县依本条例之规定，组织县参议会。县参议会为代表全县人民之最高权力机关。中华民国之人民年在18岁以上，居住于本省各县者，无职业、性别、党派、宗教、民族、财产、文化程度之区别，均有选举与被选举为本县参议员之权，并规定了无选举权及被选举权的情形，为山东省政府的重要施政方针。

　　山东省临时参议会有权审查通过全省预、决算，听取山东省政府的施政报告。群众享有的政治权利得到旗帜鲜明地宣示。山东省临时参议会选举出的会长范明枢是党外人士，山东省战时工作推行委员会副主任李澄之是国民党抗协代表。当时我党在政权建设中普遍采用了"三三制"，即在政权人员构成比例上实行共产党员、党外左派进步分子和中间派人士各占三分之一的制度。"三三制"及"三三制"政权是党的抗日民族统一战线政策的具体运用，是推进民主政治的创举。

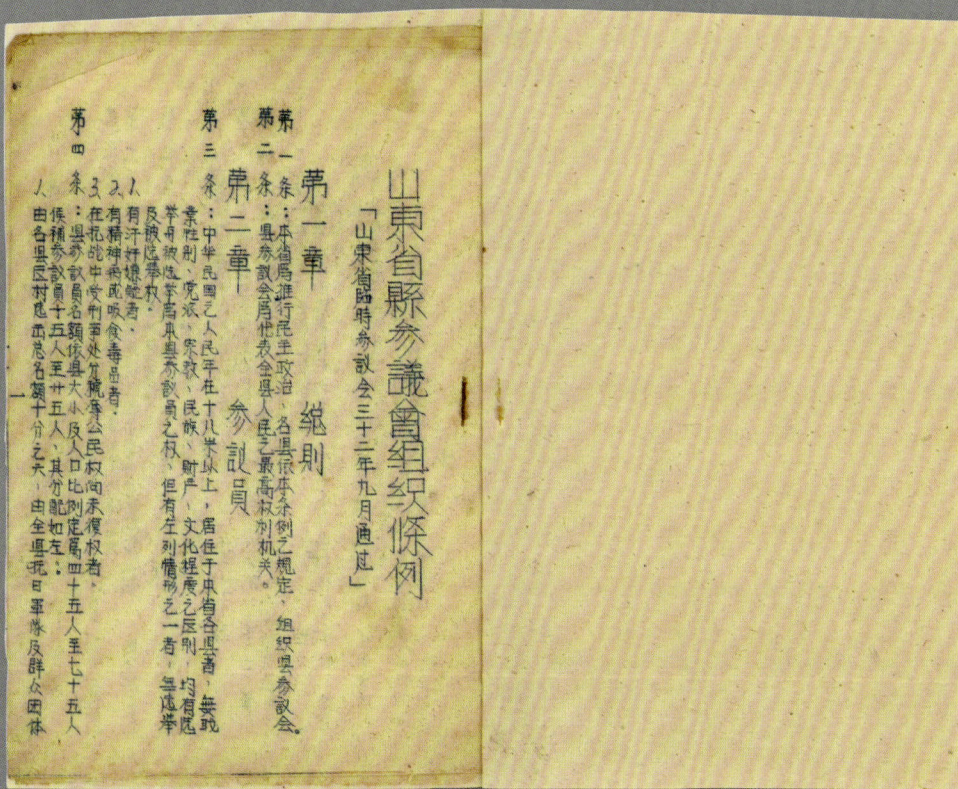

山東省縣參議會組織條例

「山東省臨時參議会三十二年九月通过」

第一章　總則

第一条：本省為推行民主政治、各縣依本條例之規定，組織縣參議会。

第二条：縣參議会為代表全縣人民之最高权力机关。

第二章　參議員

第三条：中华民国之人民年在十八歲以上，居住于本省各縣者，無戰業性別、党派、宗教、民族、財产、文化程度之区別，均有选举舟被选举权，及被选举权。但有左列情形之一者，無选举及被选举权。

1、有汗奸嫌疑者，
2、有精神病或吸食毒品者，
3、在抗战中受刑事处分褫奪公民权尚未復权者，

第四条：
一、縣參議員名額依縣大小及人口比例定属四十五人至七十五人，其分配如左。
一、由各縣区村庄正总名額十分之六，由全縣抚日军隊及群众团体

山东省临时参议会一届二次大会通过
《山东省战时施政纲领》

1943年
山东博物馆藏

　　1943年8月12日至9月8日，山东省临时参议会一届二次大会在莒南县召开。大会通过了由中共中央山东分局建议讨论的《山东省战时施政纲领》，并决定将山东省战时工作推行委员会更名为山东省战时行政委员会，黎玉连任主任委员。《山东省战时施政纲领》提出"要坚持抗战统一战线，发展根据地，实行民主政治，发展经济，改善人民生活，促进新民主主义文化事业发展，广泛组织工农、妇女、青年，厉行勤奸政策。"

　　1941年至1943年7月，是山东抗日根据地最困难的时期。1943年3月，根据中共中央决定，山东抗日根据地坚持党的统一领导，各级党委成为各地区党政军民最高统一领导机关。同月，中央军委决定成立新的山东军区，罗荣桓任司令员兼政委，黎玉任副政委，统一指挥山东八路军各部队。为了扭转在敌、顽、我三角斗争中的不利局面，中共中央山东分局根据党中央的指示，实行了一系列正确的政策。

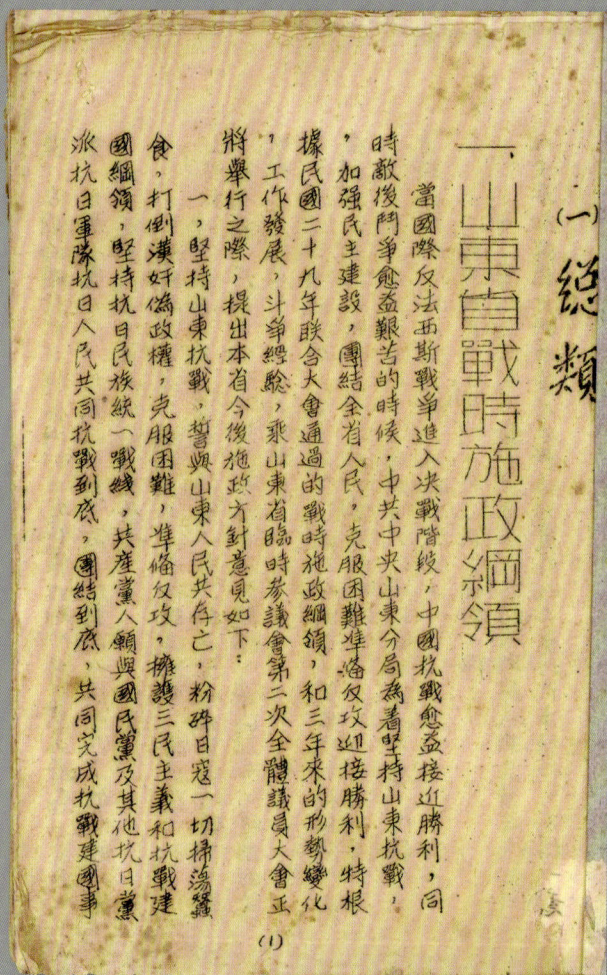

山东战时工作推行委员会编印
《山东省战时法规政令汇编》
（第一辑）

1942年
山东省档案馆藏

《山东省战时法规政令汇编》（第一辑），共四分册。山东省战时工作推行委员会于1941年5月编印，1942年4月再版。再版时对上一版进行了补充。第一分册为纲领、一般政务、民政，第二分册为财政、粮食、经济建设，第三分册为文化教育，第四分册为公安、司法、军事、附录。该汇编全面收录了山东省临时参议会及山东省战时工作推行委员会成立以来所颁布的各类法令、政令，是研究我党战时法规制度史的宝贵资料。

　　为切实保障根据地所有人民的民主权利，团结抗日，《山东省战时施政纲领》规定，"整饬司法，保障人民一切抗日之言论、出版、集会、结社、武装之完全自由"。作为全省统一的民意代表机关和立法机构，山东省临时参议会成立后积极开展民主立法工作，与山东省战时工作推行委员会一起先后颁布了《山东省战时县区乡村各级政府组织条例》《人权保障条例》《甲、乙、丙三种公平负担暂行办法》《抗日民众武装动员方案》《优待抗日军人家属条例》《货物税收施行条例》等一系列法规条例，涉及政权建设、民主权利、财粮税收、民众武装、拥军优属等根据地生活各个方面，使根据地各级民主政权基本做到了有法可依、依法施政，各地社会秩序、生产建设、阶层关系等得以快速恢复和巩固，加速了对敌斗争的胜利。

總目

第一分冊
1.發刊詞 2.再版弁言 3.綱領 4.民政法規
5.民政政令 6.一般政令

第二分冊
1.發刊詞 2.再版弁言 3.一般政令 4.財政政令
5.糧食政令 6.再版法規 7.財政法規 8.財政政令

第三分冊
1.發刊詞 2.再版弁言 3.文教政令 4.文教法規
5.輕建政令

第四分冊
1.發刊詞 2.再版弁言 3.公安法規 4.司法法規
5.軍事法規 6.附錄

發刊詞

一、本輯之法規政令是山東省臨時參議會及本會過去陸續所通過頒飾印裝的。兹為便於統一閱覽考查執行起見，特重予編輯刊印。

二、過去通過頒裝之法規政令，因時間及印刷關係，有已失時效及印錯者，此次付刊時均已加以訂正，所有與此前頒裝之法規政令微有出入者，統以本輯為準。

冀鲁豫边军区司令部印
《冀鲁豫边战例》

1942年
山东博物馆藏

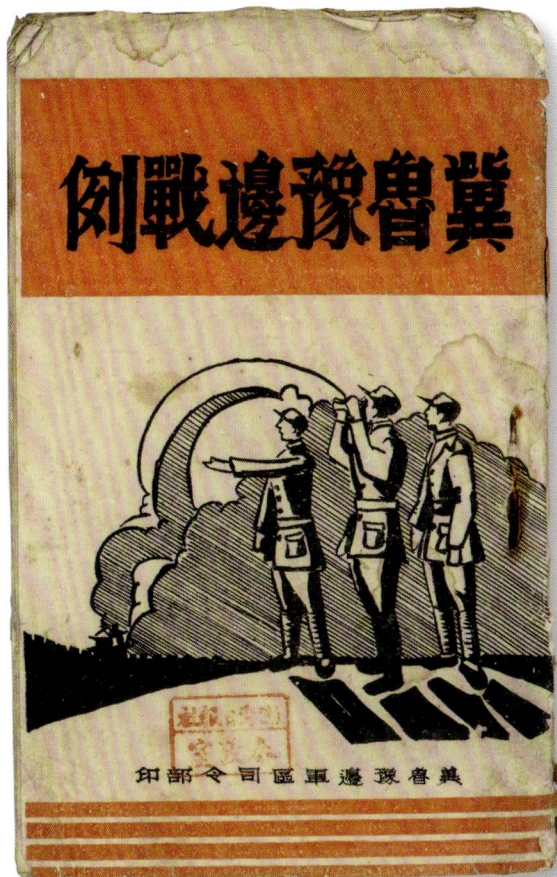

　　《冀鲁豫边战例》由冀鲁豫边军区司令部于1942年印。

　　1938年3月中旬，中共冀鲁豫边区省委在河北南宫成立，统一领导西起平汉路、东至津浦路、南到陇海路、北达石德路广大地区的抗日斗争。11月，冀鲁豫边区省委改称冀南区党委，该地区的军事斗争由八路军一二九师负责指挥。

　　随着抗日战争形势的发展，为巩固华北与华中抗日根据地的联系，加强对直南、豫北和鲁西南地区工作的领导，中共中央北方局于1940年3月底决定成立中共冀鲁豫区委员会，1940年4月，八路军第二纵队主力东进冀鲁豫边区，与冀鲁豫支队合编

成立第二纵队兼冀鲁豫军区。黄克诚任冀鲁豫军区司令员兼政委。6月，杨得志继任军区司令员，崔田民任政委。此后，冀鲁豫军区部队组织军民多次挫败日、伪军的"扫荡"，巩固和扩大了抗日根据地。1941年1月，冀鲁豫边区行政主任公署成立。至此，冀鲁豫抗日根据地初步形成。1941年7月，冀鲁豫、鲁西两区合并，成立新的冀鲁豫区党委，张霖之任书记。1942年4月，湖西地委划归冀鲁豫区党委。1943年11月，冀鲁豫与冀南两区合并，成立中共中央冀鲁豫分局，黄敬任书记。冀鲁豫抗日根据地进一步巩固和发展。

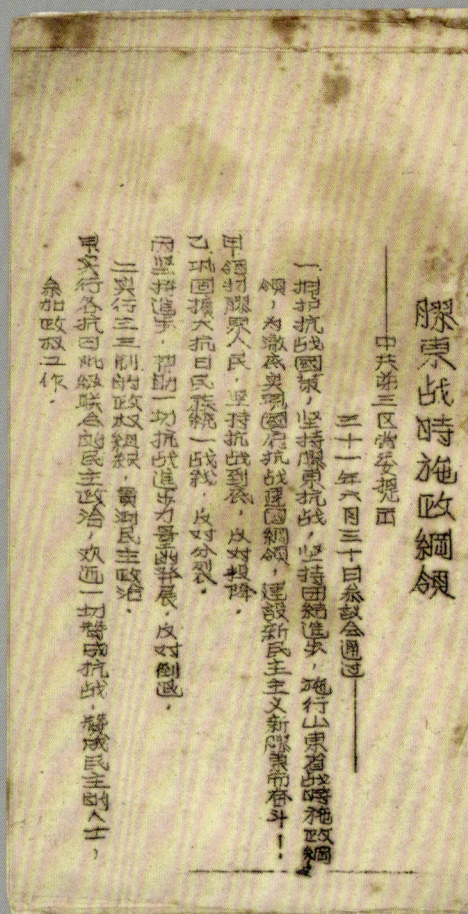

海阳县政府翻印
《胶东战时施政纲领》

1942年
山东博物馆藏

　　抗日战争时期胶东根据地的施政纲领，由中共第三区党委，又称胶东区委提出，1942年6月30日胶东区参议会通过，共14条47款。胶东区临时参议会是胶东根据地的最高权力机关，是监督领导抗日民主政府的民意机构。1940年3月起，胶东先后民主选举产生各级参议会。1941年2月，胶东行政联合办事处成立后，为健全敌后抗日民主政权，巩固抗日根据地，成立胶东区临时参议会筹委会，由党、政、军、民代表13人组成。1942年6月15日，胶东区临时参议会在海阳县后乔村召开成立大会，通过区党委提出的《胶东战时施政纲领》，选举国民党山东省保安第七旅旅长姜黎铮为参议长，选举产生胶东区行政主任公署组成人员。

　　其主要内容为：领导胶东人民坚持抗战，实行"三三制"的政权组织，即在抗日根据地政权人员分配上，中共党员（代表工人阶级和贫农）、党外左派进步分子（代表小资产阶级）、中间分子（代表中产阶级和开明士绅）各占三分之一；扩大抗日武装力量，保卫胶东抗日根据地，建立新民主主义的经济基础；开源节流，厉行节约；精兵简政，准备战略反攻；改善劳工生活，调节劳资双方利益，改善农民生活；加强文化教育建设，普及义务教育，扫除文盲；提高妇女地位，改善妇女生活；厉行正确的锄奸政策；建立卫生行政机构，减少疾病死亡；开展敌占区的工作，团结海外华侨，扩大国际反法西斯统一战线等。

052

方实行平等的、无记名的直接选举制度，凡年满十八岁的公民，不分党派、团体、性别、财产、宗教信仰、文化程度，一律享有选举、事免权、复决、罢免的接民权。

丙、一切抗日人民，党派、团体均有集会、结社、言论、出版之自由，小建立廉洁政府，厉治贪污腐化，奖格民主纪律，惩治违法渎职分子，戍件扫民主作风，防止政权中新旧官僚主义的滋生，加强对人民政治教育，保护良说展，密切政府与人民的关系。

二、动员人民参加，扩大抗日武装力量，保卫祖东抗日根据地，用扩大抗口武装军，

乙、开展群众性的地方武装，加强青年民兵的发展，组织群众性的地方武装，建立群众性的游击战争，加强青年民兵的发展，

剖練兴领衔，

丙、加强人民的自卫武装。——建立团团经常练制，於一切以防经编制，

丁、拥军主力，保证主力部队的涌尽物资供给，提高主力部队地位，

戍、优待一切抗日军人家属，振加军属，

己、加切人民武部以互利原则出卖内像，提高人民对抗日军政的拥护爱戴，

庚、加加人民财富自给自足，打通改造经济基础，打通改造经济基础，

甲、发展生产，力求根据地物资的自给自足，

乙、发展农业经济斗争，扩大耕田面积，改良种子、肥料、农具、修建水利工程，

南办农事试验场，提倡生产技术，提倡农村副业，海河外撤人口，禁止粮食出口，保证根食的自给自足。

冀鲁豫行署客饭证

1943年
山东博物馆藏

　　冀鲁豫行署为接待往来客人用的饭票。饭票背面有说明："各部门每月向总务科借取客饭票一次给来往客人。各部门每月按客饭数目向司务长交还粮票菜金一次"等。

　　战争前沿的抗日根据地，财政支出主要包括政务管理费、军务费、教育费、战邮经费、经建费、优抚救济费以及其他支出等。其中，军务费、政务管理费用为主要支出。规定财粮开支的标准是实行财政开支最基本的前提条件之一，也是实行财政统一收支、建立财政预决算制度的前提条件之一。为此，各根据地制定颁布了关于部队、机关、团体及其他人员的粮食供应标准，以及行政费、军务费、教育费、经建费、邮政费、优抚和社会救济费等项经费开支标准。招待来往客人费用是政务管理费中的一种。

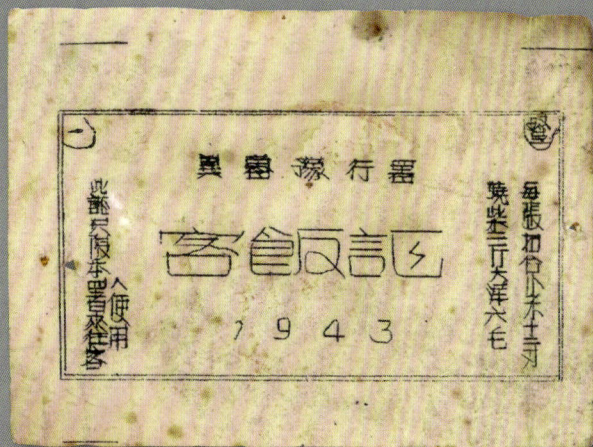

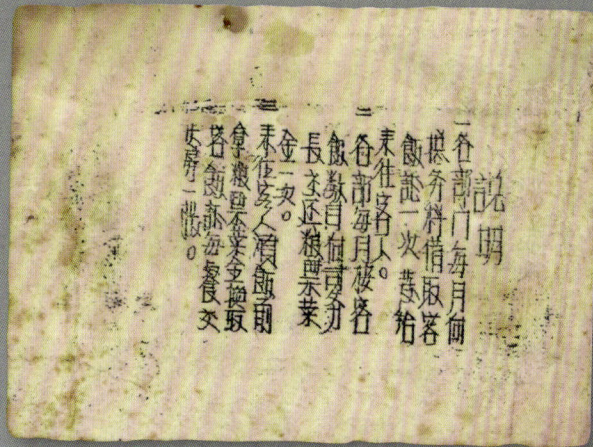

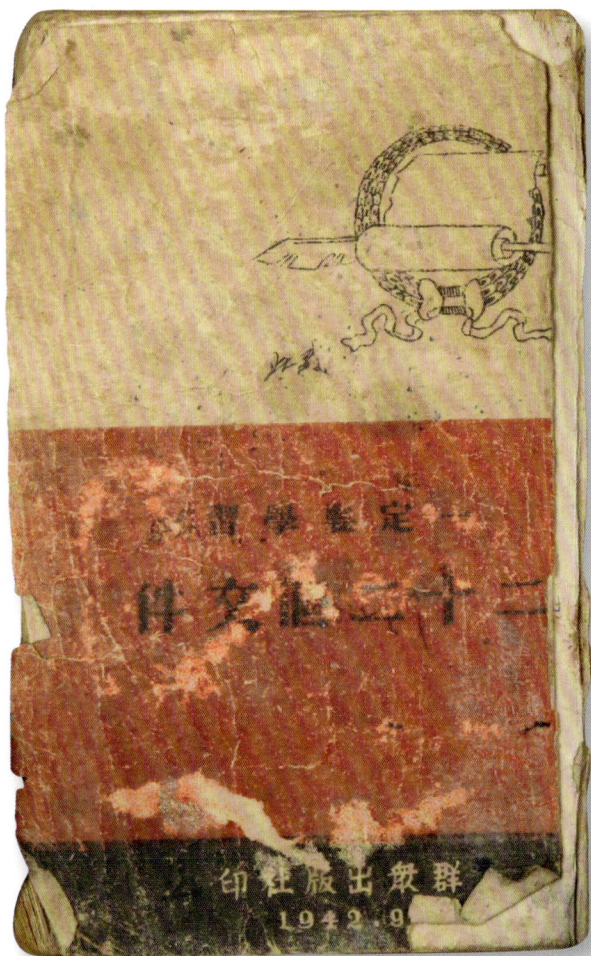

群众出版社印
《一定要学习二十二个文件》

1942年
淄博市博物馆藏

　　《一定要学习二十二个文件》，共214页，1942年9月群众出版社印。书中印有干部学习、整顿三风等重要文件和重要文章。

　　整顿三风是20世纪40年代的延安整风的一个阶段，时间是从1942年4月至1943年10月，其主要内容整顿学风、整顿党风、整顿文风。1942年4月3日，中宣部发出《关于在延安讨论中央决定及毛泽东同志整顿三风报告的决定》，5月下旬，中央政治局决定成立中央总学习委员会，领导整风运动。6月8日，中宣部又发出《关于在全党进行整顿三风学习运动的指示》。从此，在全党开展了反对主观主义以整顿学风，反对宗派主义以整顿党风，反对党八股以整顿文风的整风运动。整风运动的方针是：惩前毖后，治病救人，既要弄清思想，又要团结同志。

中共中央關於在職幹部教育的決定

毛澤東同志在邊區會議會的演說

改造我們的學習

腦反對自由主義

飛村四查序言

聯共（布）黨史結束語

斯大林論黨的布爾塞維克化

論共產黨員的修養
——第二章第二·第三·第四·第五節——

怎樣做一個共產黨員

糾正黨內幾種不正確的傾向
——摘自紅軍第九次黨代表大會決議——

列寧斯大林論黨的紀律與黨的民主

季米特洛夫論幹部政策與黨的教育應覽

宣傳指南

毛澤東
毛澤東
毛澤東
劉少奇
陳雲

一定要學習二十二個文件

為了澈底整頓三風，中央規定了必須學習的二十二個文件。中央規定必須學習的二十二個文件絕大多數都是黨員對這些文件

是重視的，且領悟學習並力求這際應用的。目前已開始在延安造成學習的熱潮，我們在各個

在中央領導下，整頓三風並聯一定可以作得好。

但結果還並不是說，對於這些文件的學習，黨內並沒有何相遜流，相反的現在有各樣

式的錯誤態度和怪論。

有人說，這些文件是老一套？有什麼了不起！我不學習出一樣參加討論，一樣發言

，照舊可以學習和工作。——這籃其異拒絕研究考慮這些文件並不是那麼容易引導出來的，那

是「老子天下第一」，也過自吾自藥。他不知道這些文件，拒絕執行中央的決定與指示。

是一百年國際革命運動與壯年中國革命運動的流血譚驗的結晶，只有極端幼稚的人，才能說

困迂修幼稚的話。

有人說，這些文件都很好很重要，但我太忙了，沒有時間存細加以研究。他不懂得整頓三

以掌握它的精神——整堅際地對這些文件和整頓三風測聯採取的消極態度。他不懂得整頓三

—1—

大众报社翻印《各地整风通讯》

1943年
山东博物馆藏

　　1943年大众报社翻印的《各地整风通讯》，记录了大众日报社汇总的各地方党政军组织在第一阶段整风运动中相关的材料，内容有"要使理论与实践真正联系起来，就必须加强具体情况的调查研究，没有调查就没有发言权""系统的周密的调查仔细的科学的研究，是理论与实践联系的中心环节"等。

　　按照中央要求，1942年2月6日，中共中央山东分局决定在全省建立调查研究机关。中共中央山东分局设立调查研究室，其下设党务、党派、敌伪、政经各股，李竹如兼任调查研究室主任。中共中央山东分局调查研究工作开展后，各级政权机关在开展民主政权各项建设过程中，认识到加强调研工作的重要性。

　　中共中央山东分局的整风决定和补充指示发出后，八路军山东纵队和鲁中、胶东等各区党委开始了整风。

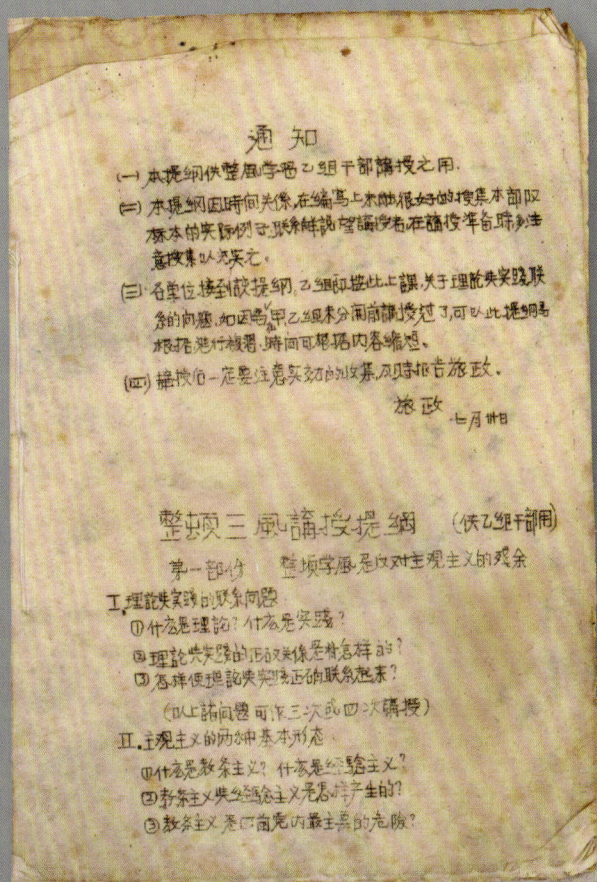

大众报社翻印《整风参考资料》（第一集）

1943年
山东博物馆藏

　　1943年大众报社为配合党内整风运动翻印的《整风参考资料》，介绍学习分析事务的方法、文化教育及高级干部的理论学习。1942年2月至1945年4月，在中共中央的统一部署下，山东各级党组织深入开展整风运动，使全党在马列主义、毛泽东思想基础上达到新的团结和统一，党的凝聚力、战斗力进一步增强。反对主观主义，以整顿学风；反对宗派主义，以整顿党风；反对党八股，以整顿文风。整风运动的方针是：惩前毖后，治病救人，既要弄清思想，又要团结同志。组织党员认真学习规定的马列主义著作和党的文件，领会其精神实质，深刻反省自己的全部历史、思想和工作，在个人反省总结的基础上，开展批评和自我批评，找出思想、作风上的错误，分析产生错误的根源，提出改正错误的方法，引导党员自觉坚持真理，修正错误。

大众报社翻印《整风参考资料》（第二集）

1943年
山东博物馆藏

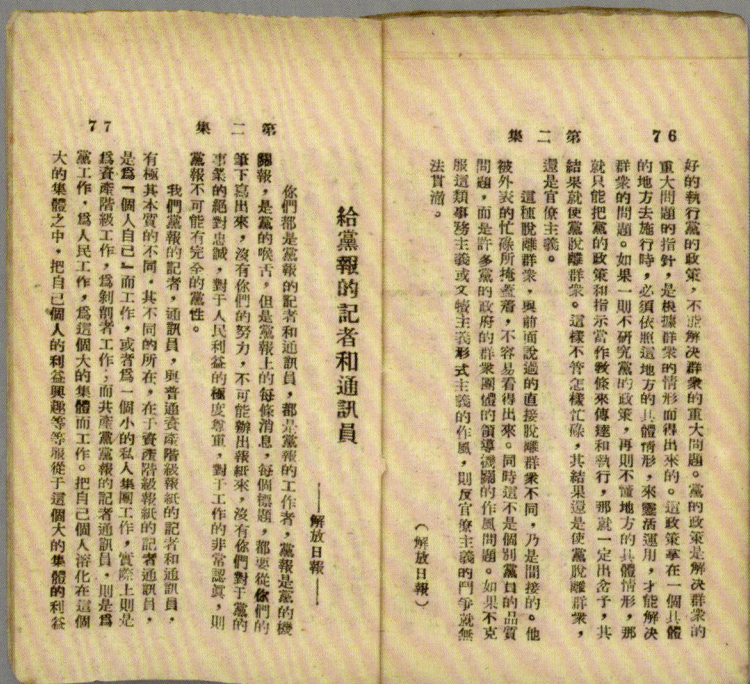

1943年大众报社翻印《整风参考资料》（第二集），记录了关于在职干部教育的决定，党组织对于感觉工作经验少的同志，在他们进中央党校学习和日常工作学习中进行了思想教育。同时告诫缺少工作经验的老干部，不应躺在功劳簿上自我满足，应该看到自己的不足之处。革命工作不能倚老卖老，做好革命工作由经验能力、政治进步与工作态度所决定。

全面抗战爆发后，山东党组织快速发展，抓紧对广大新党员干部进行马克思主义教育、阶级教育和党的教育，迅速提高他们的政治思想觉悟和文化素质，成为当时各级党组织面临的一个紧迫问题，中共中央山东分局对党员干部的教育提出了更加具体的要求。山东各级党组织积极落实分局的指示精神，落实各项要求和规定，进一步加强了对党员干部的学习教育工作，到1941年底，山东抗日根据地初步建立起党员干部的学习教育体系。山东各地党组织在加强党员干部学习教育工作时，不断增加对宣传部门的领导，研究教育党员的方式方法，掌握党员的意识形态和政治认识的发展及政治思想上的进步程度，初步建立起比较健全的党员学习教育工作机构。

山东抗日根据地党员干部学习教育体系的建立，对提高党员的政治思想觉悟和文化素质，加强党员干部的阶级观念和气节教育，坚定党员干部的理想信念和革命意志，增强党组织的战斗力和凝聚力发挥了重要作用。党员干部学习教育体系的建立是山东党组织建设史上的一大特点，使山东党的思想建设得到加强，党员的战斗力大增。

🚩

西河党组织整顿情况
（写于山东悦升煤矿材料科报表）

革命战争时期
淄博煤矿博物馆藏

　　"西河党组织整顿情况"手写稿，写于山东悦升煤矿材料科报表纸的前面和背面，共1页，手稿反映了革命时期西河党组织的整顿情况，记载了原有（1946年和平建设时期）的6个党支部及其新老党员人数。然后介绍了整顿恢复工作中发现的各类人员情况，其中开除党籍14人、接不上关系1人、恢复关系3人、群众性自首6人、考查不清6人、调

别处3人、仍回原地工作2人、没有问题的17人。

　　悦升煤矿公司是1919年6月由民族资本家在西河村兴办。悦升煤矿于1941年改为中日"合办"，称悦升矿业公司（简称悦升公司）。1945年8月日本投降后被我军接管，改称西河煤矿。解放战争时期，西河煤矿曾三次被国民党军队占领，1948年3月获得最后解放。

第一地委宣传部编印
《党内生活》（第二期）

1943年
山东博物馆藏

　　1943年第一地委宣传部编印，内容包含徐中夫《思想方法与领导方式》、张于《加强干部团结》以及于洪之《我们应当克服的几种错误》等文章，阐述了组织与集体领导不是官僚式的领导，检查与巡视工作不能按计划地去检查，巡视工作就不能深入，就不能算是完成了集体领导的任务，应当用科学的方式去领导工作。

大众日报社出版《红军第四军第九次代表大会决议案》

1944年
山东博物馆藏

　　1944年大众日报社出版的《红军第四军第九次代表大会决议案》，铅印。1929年12月28日至29日，中国工农红军第四军在福建省上杭县古田村召开红军第四军党的第九次代表大会，史称"古田会议"。会上通过的《红军第四军第九次代表大会决议案》，是中国共产党建党与建军最早和最重要的文献之一。该决议案指出了当时红军队伍中存在的各种非无产阶级倾向的表现，强调红军要如何做群众工作。

　　延安整风运动自1942年2月开始至1945年春季结束，此件文物正出版于这一时期。在当时我军在军队与党政关系、军队与人民关系、官长与士兵关系、下级与上级关系、军事干部与政治工作干部关系、军队与军队关系等方面都还有一些缺点，甚至是带有脱离群众倾向的，因此需要在整风运动和拥政爱民运动的开展中加以深刻检讨。此决议案作为军队干部的整风文件和军队教材，于1944年重新印发传播，说明该决议案的许多思想、内容对于1944年的人民军队建设仍然具有极高的指导意义。

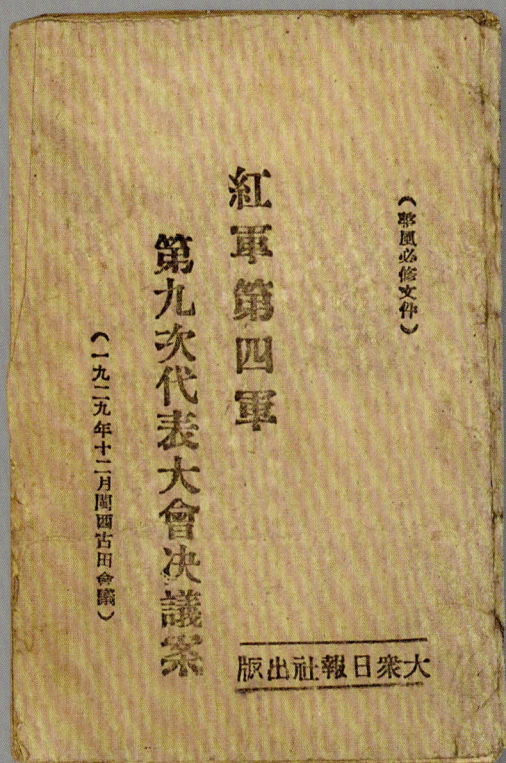

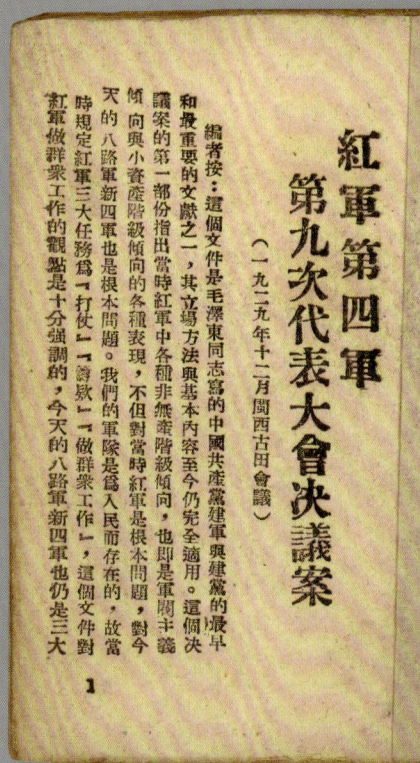

整风运动时，山东八路军某部连队指导员在给战士们讲课。

胶东各救总会翻印《山东省各救国会组织章程和纲领》

1945年
烟台市牟平区博物馆藏

　　胶东各救总会翻印，共75页。1945年10月5日至15日，山东省第二次职工代表大会在临沂召开。大会决定，山东省职工抗日联合总会改称山东省职工抗日救国联合会，通过了修订后的《山东省职工抗日救国联合会纲领》《山东省职工抗日救国会组织章程》《关于公私营工厂职工工作的决定》等文件，为了更好地学习贯彻文件精神，山东省各救国联合会出版了汇编本《山东省各救国会组织章程和纲领》。

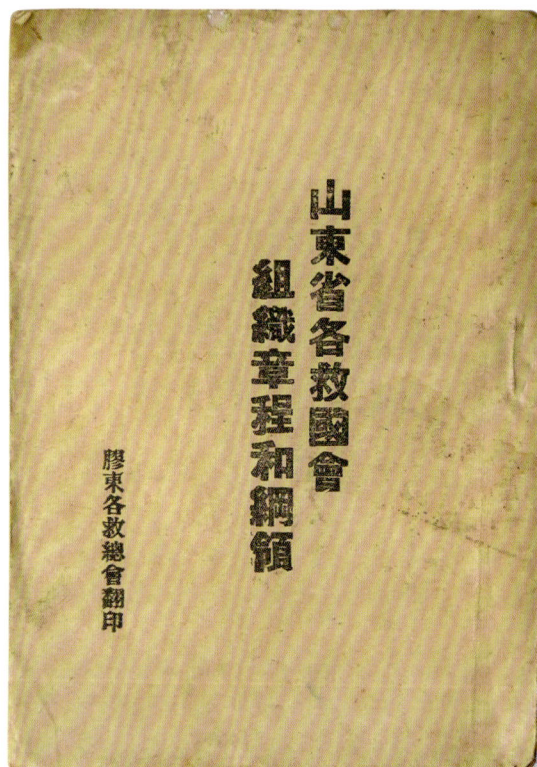

中央政治局
《中共中央关于领导方法的决定》

1945年
山东博物馆藏

　　1945年翻印的《中共中央关于领导方法的决定》，原文件于1943年6月1日由中央政治局通过。该文件共有九条内容，其中提到："我们共产党人无论进行何项工作，有两个方法是必须采用的，一是一般和个别相结合，二是领导和群众相结合。"这是我党关于领导方法的原则方针，是马克思主义的科学的领导方法，有了这两个结合，才能有效地反对主观主义和官僚主义。

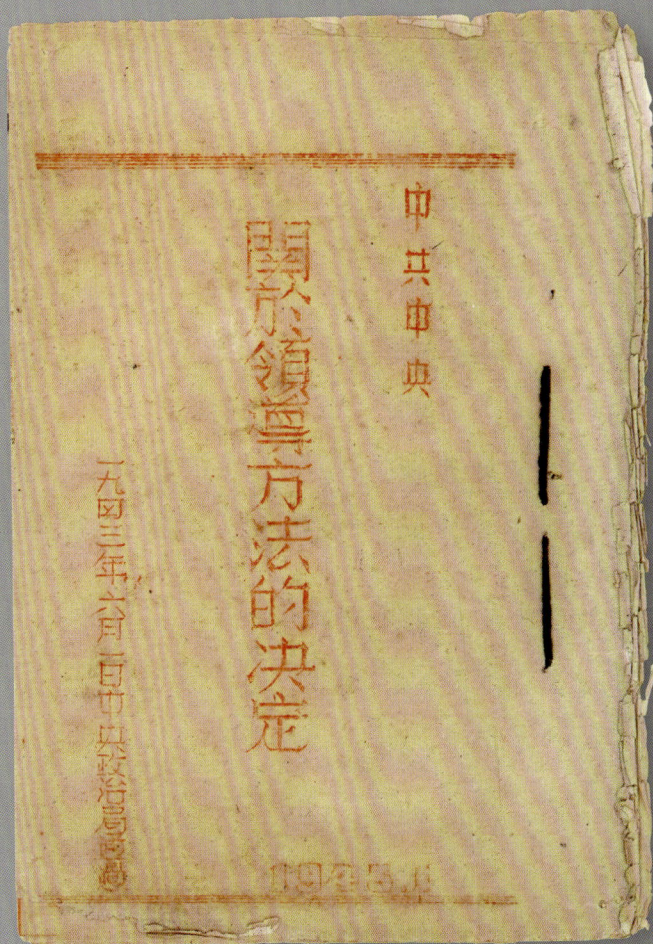

🚩 **《论阶级斗争民族斗争国际斗争的一致》**

1941年底
中共山东省委党校（山东行政学院）
图书和文化馆藏

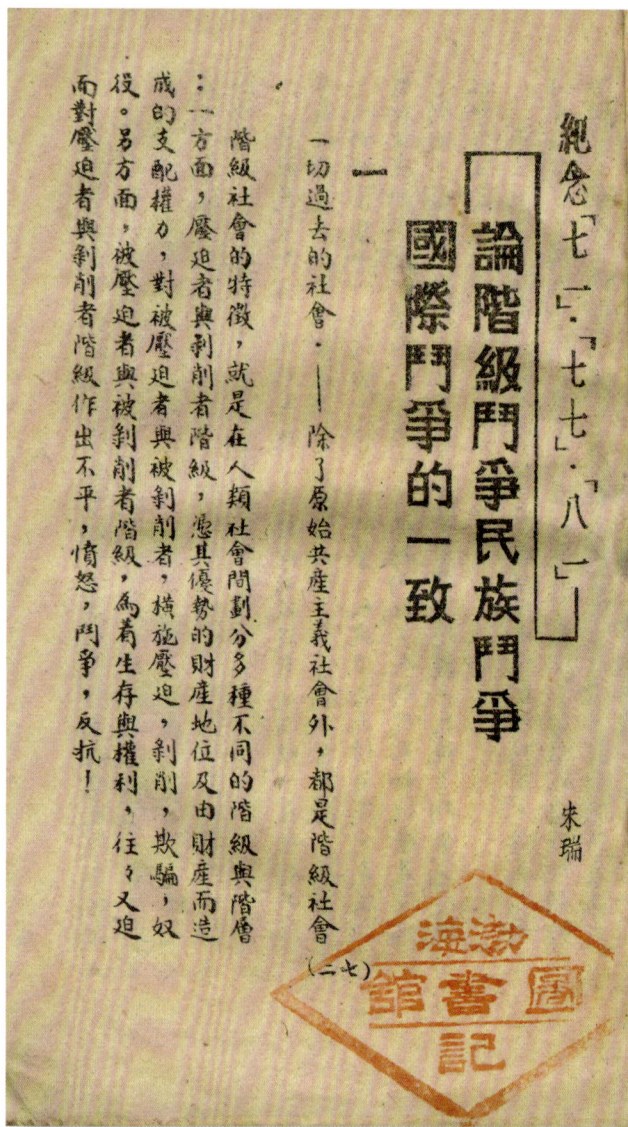

　　石印本，正文共计43页。本书是朱瑞纪念"七一""七七""八一"的一篇文章。1941年8月1日，朱瑞在《大众日报》发表文章《论阶级斗争民族斗争国际斗争的一致》。文章指出，应把三个斗争任务当作一个革命斗争的三种特性或一个革命斗争本质的三个方面，以教育和团结中国工人阶级和被剥削者，为适当处理阶级的解放及坚决贯彻民族和国际伟大的历史任务而斗争。本书是其同名文章的单行本，出版于1941年底。

《村政、村选举暂行条例》

1943年
山东博物馆藏

　　油印，分为《村政暂行条例》和《村选举暂行条例》两篇。

　　《村政暂行条例》依据山东省战时工作推行委员会公布的《关于村政组织与工作新决定》的基本原则与胶东地方实际情况制定，目的在于彻底实行民主政治，巩固政权基础。该条例确定行政村为抗日民主政权基础的自治单位，亦即为行政的一级，人民通过这一自治组织，实行管理政权，监督政府，并在村政权领导下，完成抗战建国任务。该条例规定了行政村的划分标准，行政村的领导必须根据民主原则，不得包办。行政村内成立民意组织如

公民小组，作为人民行使民主权利的基础组织，其职权及任务是：代表全组公民出席村民代表会议、传达村政府及上级政府的法令决定，并根据村政府的命令，组织全组公民完成行政任务。

　　《村选举暂行条例》依据山东省战时工作推行委员会公布的《各级参议会选举条例》之民主普选原则与胶东地方实际情况制定，目的在于使人民充分行使民主权利，彻底改造村政，巩固政权基础。该条例适用于抗日民主根据地内部，在我方占据优势的游击区内酌情援用。

　　抗战时期，人们通过"豆选法"拥有了发表意见的权利，候选人背对投票者坐在台前，每人背后放一海碗。投票人鱼贯而过，认为信得过的，就在他的碗里放下一粒豆子，每粒表示一票，豆多者当选。

群众正在选举参加省贫农下中农代表会的代表

冀鲁豫区南华县圈头村选举干部时用的瓷碗

1943年
冀鲁豫边区革命纪念馆藏

　　1943年春，冀鲁豫区党委书记黄敬到鲁西南检查指导工作时，亲自在南华县委驻地圈头村推广民主建政经验。这是该村用"豆选"方式选举村干部使用的瓷碗。

"山阳第二村委员会" 木印

抗日战争时期
泰安市博物馆藏

　　山阳村位于今泰安市岱岳区良庄镇。全面抗战爆发后，山阳村人、共产党员程照轩等奔赴徂徕山前的泰安六区山阳村一带发动群众、筹备起义，建立了100余人的抗日武装，被编为第二中队，封振武任中队长，程照轩任指导员，成为徂徕山起义之初的一支重要力量。

莱东县政府翻印山东省战时
行政委员会公布令（财字第〇一七号）

1945年
山东博物馆藏

　　1945年6月13日莱东县政府翻印的1945年4月21日山东省战时行政委员会公布令，黎玉时任该委员会主任委员。该公布令的内容为公布施行的《山东省保护抗日公粮办法》，目的是为适应敌后游击战争环境，求得抗日公粮储存之安全。该办法规定凡山东省人民均有接受委托保存与保护抗日公粮的义务，凡山东省各级机关、团体、学校、军队自政府领得的公粮、生产粮及公营企业所储存的粮食，都适用于本办法。该办法对抗日公粮的存放数量及手续、粮食成色之检查及过称、存粮之责任、奖罚制度等都有详细规定，足以看出保护抗日公粮的重要性。

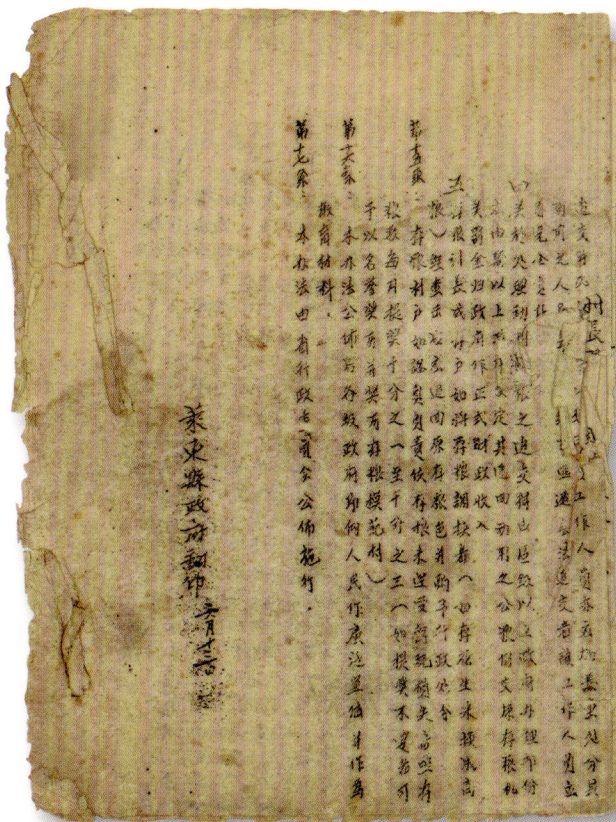

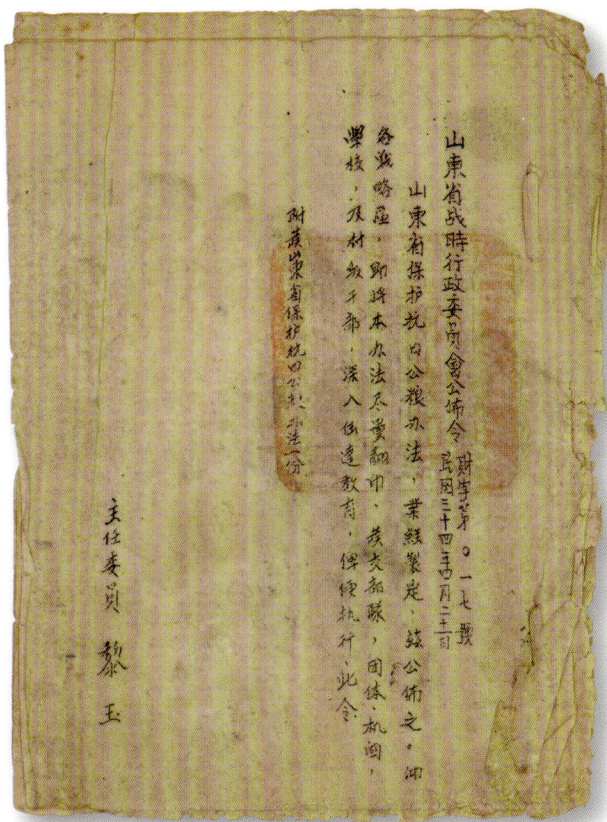

薛暮桥

1904—2005

　　原名雨林，江苏无锡人。1927年加入中国共产党。当代中国杰出的经济学家，中国经济学界泰斗，首届中国经济学奖获得者，被誉为"市场经济拓荒者"，亲身参与中国两个经济体制建设，是中华人民共和国第一代社会主义经济学家和高级经济官员之一。1938年至1942年参加新四军，任新四军教导总队训练处副处长，撰写的通俗著作《政治经济学教科书》成为培训新四军干部的教材。著有《中国农村经济常识》《中国社会主义经济问题研究》《我国物价和货币问题研究》《按照客观经济规律管理经济》《当前我国经济若干问题》等。

《山东民主导报》（第四期）

1944年
山东博物馆藏

　　《山东民主导报》由山东民主导报编辑委员会编辑、山东省战时行政委员会出版。初创时为年刊，由山东省战时行政委员会主办，1942年3月在沂南县创刊，第四期起改为季刊，第七期起改名《民主导报》，第八期起由山东省政府主编。1947年3月3日，山东省政府作出《关于改善〈民主导报〉工作的决定》，决定成立《民主导报》编委会，以薛暮桥、崔介为正、副主任委员。

　　1942年日本帝国主义对抗日根据地疯狂"扫荡""蚕食"。为了节省人力、物力，减轻人民负担，报刊实行精简，仅胶东就停办报刊30余种。因条件极端困难，根据地新创办的期刊仅有11种，如《山东文艺》《山东民主导报》《胶东青年》等。这些刊物的创办，对组织发动群众抗战到底、夺取最后胜利起了很大的作用。

《山东省战时行政委员会关于今年夏秋开展民主运动宣传教育指示》

1945年
山东博物馆藏

　　山东省战时行政委员会于1945年初夏发布关于夏秋时节开展民主运动的宣传教育指示。该指示不仅是对于开展民主运动的宣传教育，其内容对于民主选举的整理、领导有着重要意义。本次民主运动的重心是改选县以上各级参议会及政府，并为普遍改造村政准备更好的条件。该指示为加强干部群众的民主教育、统一认识，为民主运动的正确开展提供了依据和遵循。

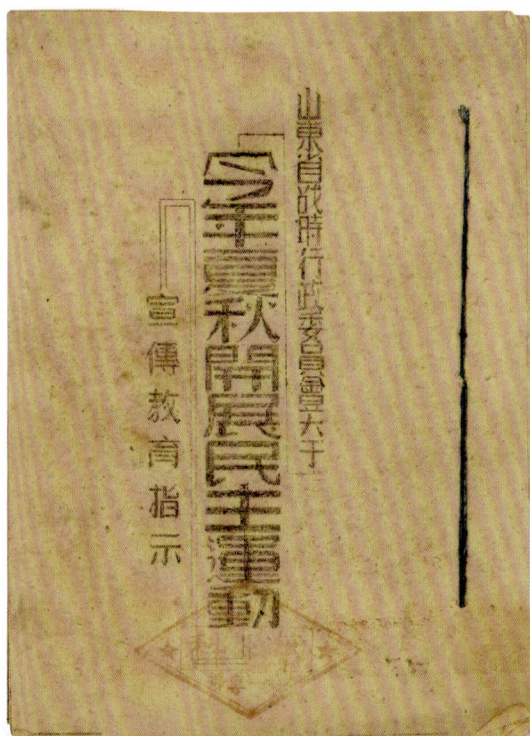

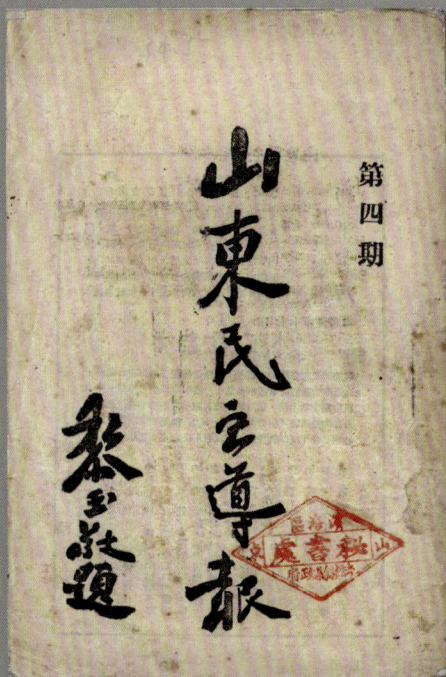

关于山东邮政问题答案的通知

抗日战争时期
沂源博物馆藏

刻版印刷，共3页。1942年，抗日战争进入了最艰苦的阶段，为适应战时通信的迫切需要，山东战时邮务总局在八路军交通站、《大众日报》发行科和党内交通科的基础上组建起来。1942年2月7日，山东战时邮务总局在沂蒙山区双泉峪子村宣告成立。在此后7年漫长岁月里，战时邮政承担起党内文件传递、护送干部穿越封锁线、党报党刊发行、情报收集、战略物资运送和群众信件（包裹）转运、押运、投递等重要任务。为了供给机关各负责同志及各地战邮负责同志了解山东战时邮政的一般对外问题，战邮总局简单地制定了答案通知，解答了山东解放区为何要取消中华邮局，单独成立战时邮局等八个问题。

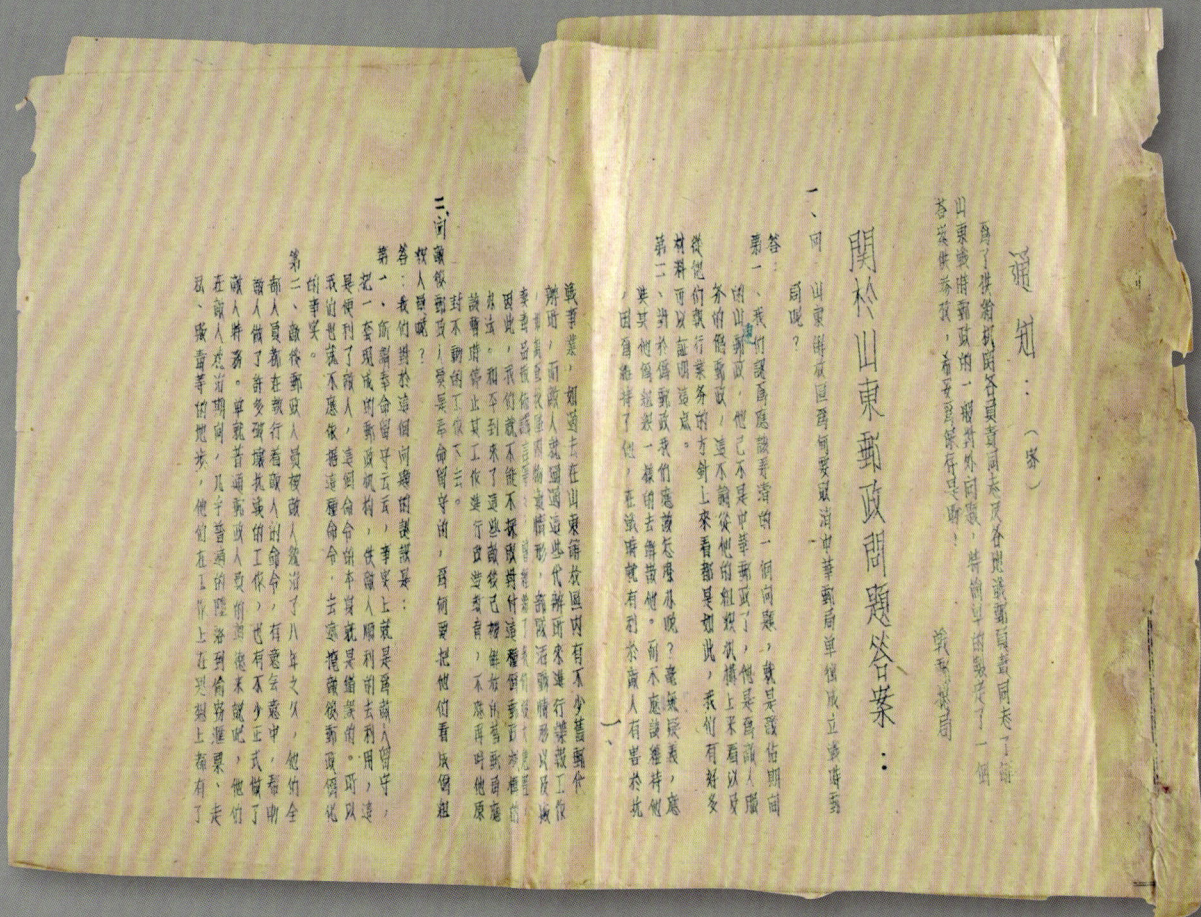

临沂沂南山东战时邮务总局办公室旧址（位于山东省临沂市沂南县马牧池乡）

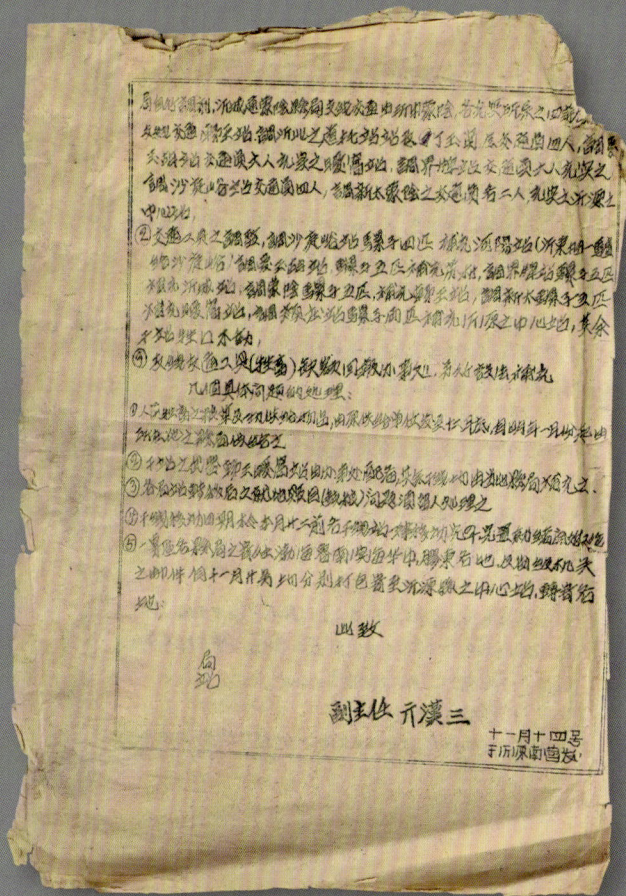

鲁中区邮政办事处关于调整干支线交通的决定

抗日战争时期
沂源博物馆藏

　　刻版印刷，共两张纸、四页，其中第一张纸单面印刷，第二张纸为双面印刷。第一页是鲁中区战时邮政管理局更名为山东省邮政管理局鲁中邮政办事处的通知；第二页是鲁中区邮政办事处奉山东邮管局指示，发布的《关于调整干支线交通的决定》，文件要求立即调整交通干线，各局站人员交通工具调动必须无条件服从，同时列举了几个具体问题的处理办法。通过调整干支线交通，以加强邮政运输力量，克服因力量分散致使交通迟缓的弊端，密切联系各战略区交通，有效地支援前线。文件落款：副主任　亓汉三　十一月十四号于沂源南营发。

　　抗战时期，战时邮局贯通起联系党中央和各根据地的交通邮政网络，确保了党中央战略部署与战术指令的传达畅通，有力地保障了抗战和革命事业的最终胜利，为挽救民族危亡、实现民族独立和人民解放，作出了重要的贡献。

渤海区邹平县长山村群众经由战邮交通
员，给八路军战士送去祝捷信和锦旗。

渤海战邮管理局发给柳永茂的奖状

1945年
冀鲁豫边区革命纪念馆藏

1945年8月1日渤海战邮第一届劳模代表大会上渤海战邮管理局发放给柳永茂的奖状。渤海战邮劳模大会一方面总结渤海战邮在共产党的领导下取得的伟大胜利，一方面总结了邮务工作所取得的进步与成绩，使所有成员和当地群众了解了战时邮局近年来的业务情况，包括邮区交通发展状况、邮递业及资费标准、邮递人员人事变动情况、邮站设立情况等。

胶东参议会二届一次大会出版
《大会生活》

1945年
山东博物馆藏

油印。胶东参议会二届一次大会出版会刊，主要刊载了大会生活相关内容，例如大会议程、大会精神、大会图书室借书规则、文娱生活、祝贺与慰劳、贺信集锦等内容。该刊集中体现了大会精神是大家的事情大家办，这种民主精神的贯彻，既保证了大会的胜利举办，也保证了胶东八百万人民的诉求与意愿的实现，该刊亦表达了希望将这种民主的大会精神传播到全中国，推动全国民主政治早日实现的美好愿望。

胶东特委会宣传部编印《党的生活》（第一期）

1938年
山东省档案馆藏

　　胶东特委会宣传部编印《党的生活》第一期。1937年11月，中共胶东临时工委改为中共胶东特委，由隶属中共北方局改为隶属中共山东省委。山东省委派理琪任胶东特委书记。1938年2月，理琪在牟平县雷神庙战斗中牺牲。特委重建，同年5月，苏鲁豫皖边区省委成立后，派王文任胶东特委书记。1938年12月，中共中央山东分局成立后，决定撤销胶东特委，建立胶东区党委。1938年9月1日，为了汇集党员意见、加强党员教育，中共胶东特委会宣传部编印出版地方党报半月刊《党的生活》。

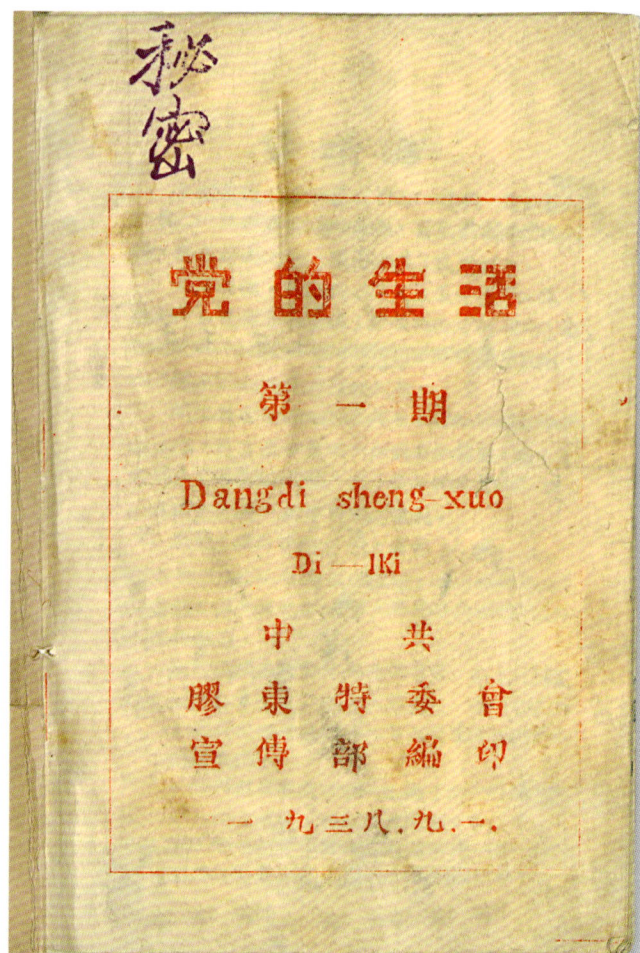

目　次

卷頭語

年頭頭我们很以看到自己的党报，取以看到跟自己的工作有関係的党报，甚至列寧的党內刊物，能來到這收的，简直也找了鳳毛鱗角。

三軍安报，幹部同志，大半集中軍事工作，甚至特委也得親領軍政；於是典形中就砌怠了全部的党的工作；兩以年兩月前出版的风火火线，也不得不把創刊號当作终列現！

現生特委會開始獨立起來，開始恢復党的領導工作，为了集中党內一切同志的意見，为了集中同志们宝貴的經路，为了教育我全体同志，我们才决定出版一种半月刊的党报。

我们它他为党的生活，意思是要把我们生活的中心意旨表面反纳生來，因此他相不会一些詞句富有花样文章，而是出具体当具体工作的结晶。

創刊號就不到全体同志的意見，象同民外感同志的稿件來不及，为了教育自己，为了自己的工作能更順利地開展來，區就得要求我们全体同志动讀投稿！

投稿內容是很抚厄的，凡関于工作經驗小些的生活，工作意見，经地工作検討，及其他……凡带有革命的教育意義的文章都很欢迎，望同志们共同把国去爱护和充裝党刊的達個窩住來！

第二章

人民战争汪洋大海

　　山东抗日根据地之所以能成为全国抗日根据地的标杆，一个最根本的原因就是山东各级党的组织坚定地相信群众、依靠群众，深入地发动群众、武装群众，把抗日根基深深地扎在人民群众之中。各抗日根据地发展了大量民兵武装，维护社会治安，保卫群众安全，配合主力部队作战，完成各项支前任务并采取多种方式积极开展对敌斗争，成为巩固和保卫抗日民主政权的支柱。

　　除此之外，广大民兵还灵活机动地运用伏击战、地雷战、地道战、破袭战、麻雀战等多种战法，使日本侵略者陷入人民战争的汪洋大海。山东抗日根据地的发展壮大，离不开广大人民群众的踊跃支前。山东人民节衣缩食，全力供给支前保障，为山东抗战大局作出了重大贡献。

　　抗日战争时期，300多名胶东乳娘视革命后代为己出，尽管历经日军频繁"扫荡"和多次迁徙，胶东育儿所的1223名乳儿无一伤亡。胶东乳娘用大爱书写了一段人间奇迹。

胶东育儿所大班孩子的合影

山东军区政治部印
《人民武装工作手册》（第一集）

1943年10月
山东博物馆藏

　　山东军区政治部于1943年10月印，主要宣传人民军队战绩，以及加强人民军队军事建设和战时政治思想建设。人民武装是在中国长期革命战争中，在中国共产党领导下生长壮大起来的。在抗日战争时期，民兵武装也对敌人展开了广泛的游击战争。山东抗日根据地民兵和自卫团注意把生产与战斗有机结合起来，又称劳武结合。民兵组织与变工组织相结合，即民兵人人参加变工组，平时和群众一起

生产，战时直接参加战斗。民兵自力更生，制造武器、弹药，单独组织武装生产突击队，各地区民兵和自卫团采取多种形式实行劳武结合，发挥了很大作用。

　　山东抗日根据地的民兵和自卫团还把生产与巩固抗日民主政权、维护社会治安较好地结合起来。各级抗日民主政权特别是基层民主政权建立后，民兵便成为保卫和巩固新生政权的支柱。

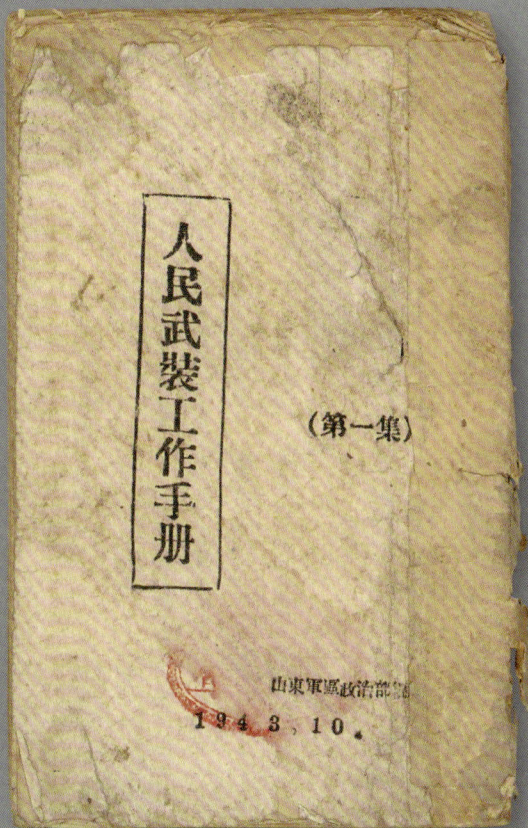

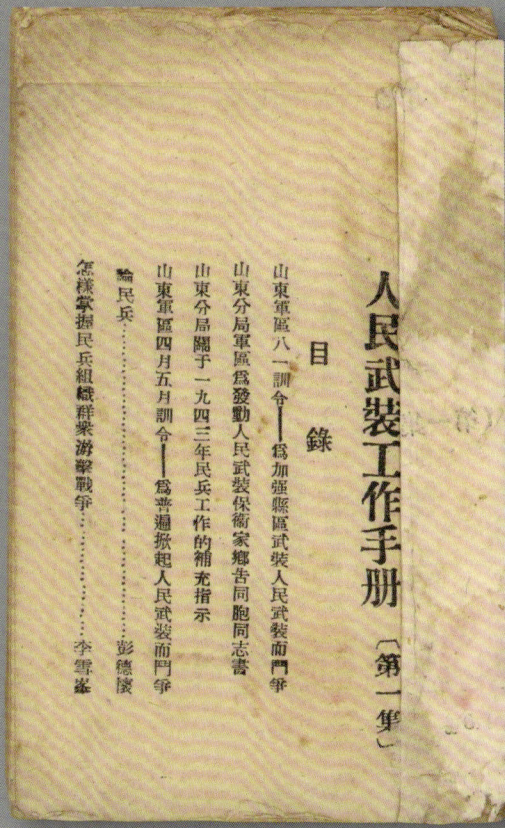

　　1944 年 8 月 2 日，山东军区在莒南县坪上镇举行第一次战斗英雄民兵英雄代表大会开幕式，出席会议的代表有 268 人，内有民兵英雄代表93 人。大会选出一、二等战斗英雄各 22 名，民兵战斗模范 237 名，战斗模范村 33 个。8 月 16 日大会闭幕，萧华在闭幕式上讲话，在赞扬战斗英雄模范的功绩的同时，提出"伟大的反攻任务需要成千上万的革命英雄完成，要开展一个革命英雄主义的群众运动，来迎接反攻，迎接胜利"。这次大会的召开，鼓舞了士气，推动了全体军民对敌斗争的开展。

山东军区第一次战斗英雄民兵英雄代表大会

陆军第十八集团军、山东胶东军区司令部翻印《修正山东省人民武装抗日自卫团暂行条例》

1942年
山东博物馆藏

1942年陆军第十八集团军、山东胶东军区司令部翻印，系黎玉、李澄之发出的《山东省战时工作推行委员会关于颁布"修正山东省人民武装抗日自卫团条例"的通知》（1942年2月5日油印）。

山东的民兵组织建立较早。1938年，随着全省各地抗日武装起义部队的发展和根据地的创建，在中共山东党组织的号召下各地相继建立了抗日自卫团。各级抗日民主政权机关接到本通知后，整理扩大各地区人民武装抗日自卫团工作，尤其要求广泛热烈地掀起抗日人民参加民兵（青抗先、基干自卫团、游击小组）的热潮，配合主力军、地方军队不断地打击敌寇，展开民众性的游击战争，保卫抗日根据地。

　　《民兵工作特辑》与《民兵工作参考材料之一》都是关于民兵工作的辑刊，分别由清河军区政治部和胶东军区武委会编印，是我军部队建设中用于民兵武装干部业务学习的材料。

　　《民兵工作特辑》中阐述了开展经济斗争、组织农救会及如何发动民兵，讲述加强领导、及时纠正错误缺点对于民兵的重要性。通过加强政治思想工作，民兵、自卫团成员的政治素质、阶级觉悟、战斗力都有很大的提高。为把民兵培养成一支真正地在战斗中过硬、纪律上严明的人民武装，山东军区武委会专门制定了民兵的四条纪律：①不随便拿老百姓的东西，不铺牛草；②战斗中缴获的东西归公；③不插枪、不妥协；④听命令、听指挥。对民兵进行组织纪律教育，以提高民兵的组织纪律观念和群众观念。为了提高民兵和自卫团的军事素质，各级党组织和武委会普遍加强了民兵和自卫团军事整训和武器装备。对民兵和自卫团进行尚武精神的教育，鼓励他们积极练武，杀敌报国。进行军事知识和军事技术的教育，使队员懂得一般军事常识。

　　《民兵工作参考材料之一》就发展民兵遇到的困难及在组织发展过程中的偏向问题，指导民兵组织如何开展工作，壮大队伍，积极应对。坚持对敌斗争的同时，各地区民兵和自卫团还积极参加生产，维持社会治安，在建设与保卫根据地中作出了重要贡献。广大民兵和自卫团还在参军、支前中发挥了重要作用。抗日战争的残酷，使八路军主力部队和地方部队减员较大，各地民兵踊跃参军，使部队不断得到补充和扩大。在你死我活的抗日斗争中，富有革命传统的山东根据地的民兵、自卫团，在毛泽东人民战争思想的指引下，在主力部队和地方部队的帮助与扶持下，创造了多种多样的独特的游击战法，使敌人陷入人民战争的汪洋大海。

清河军区政治部编、群众报社印
《民兵工作特辑》

1943年
山东博物馆藏

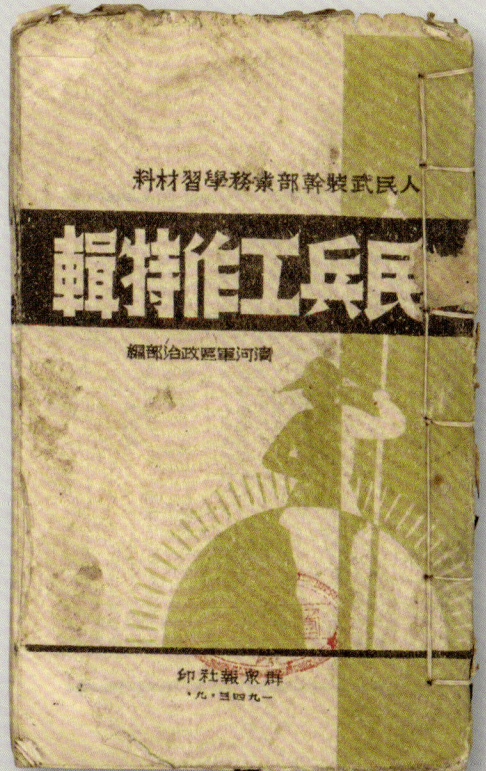

胶东军区武委会集印
《民兵工作参考材料之一》

1943年
山东博物馆藏

　　两期《县区武装工作特辑》分别为清河军区政治部和渤海军区政治部编发的县区武装工作干部业务学习材料。

　　第一期收录《战士报》社论四篇（《代序：关于地方武装业务学习问题》《要把建设地方武装的观念提的高》《目前县区武装建设的方向》《今后整理和健全地方武装政治工作的方向》）以及黎玉、谢有法、张梓桢等的文章七篇；第二集收录了《山东军区八一训令——为加强县区武装人民武装而斗争》，以及江华撰写的《过去整理县区武装政治工作的检讨与今后整理县区武装政治工作的任务》和刘其人的《1943年地方武装政治工作总结及1944年政治工作建设的任务》。

　　1942年8月1日，山东军区发出由黎玉起草的《八一训令》，要求山东各抗日根据地加强县区武装、人民武装建设，并将1000多名干部派到县区武装中去。1943年4月1日召开的山东省地方武装政工会议，针对在县区武装建设上存在的种种错误认识，提出了许多要求与整改措施。《县区武装工作特辑》为切实做好县区武装的建设工作提供了理论指导和方向把握。山东抗日根据地的地方武装不但在大反攻时期有力地协助了主力部队，而且在抗日战争结束后，山东主力部队开赴东北，强大的山东野战军迅速以山东地方武装为基础组建而成，阻止了国民党的北侵企图，保卫了山东解放区。

清河军区政治部编、群众报社印
《县区武装工作特辑》（第一期）

1944年
山东博物馆藏

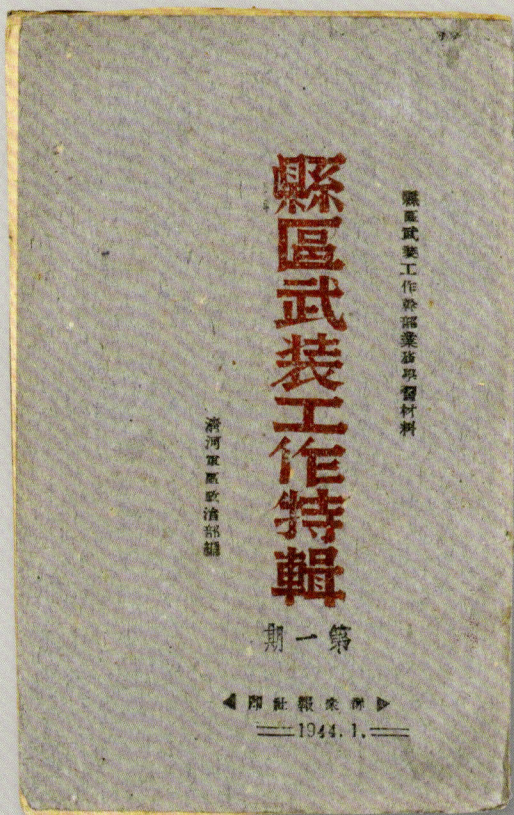

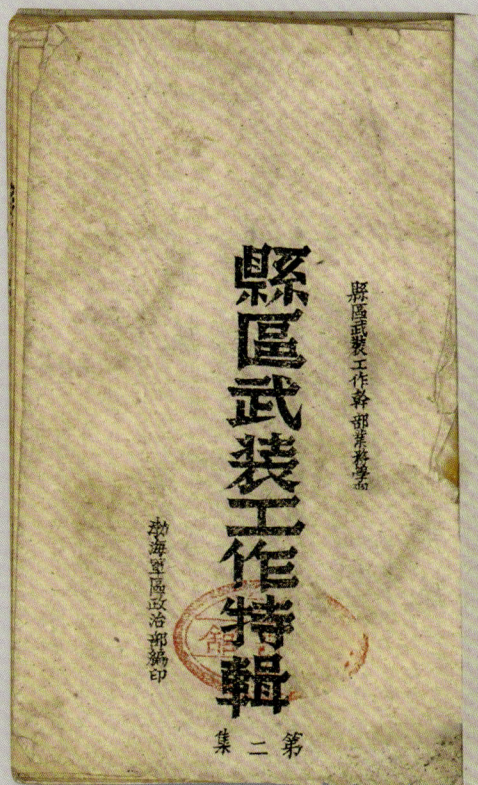

渤海军区政治部编印
《县区武装工作特辑》（第二集）

1944年
山东博物馆藏

前进报社印《广泛发展群众武装》（前进丛书第八种）

1942年
山东博物馆藏

本书记录了抗日根据地充分调动人民群众的生产积极性，把蕴藏在群众中的伟大潜力发挥出来，通过宣传、发动和组织群众，把人民组织起来、武装起来，不断扩大武装，使人民群众参与到抗日斗争中来。

抗日战争进入最艰苦的时期后，为适应敌后游击战争新环境，中国共产党号召武装全体抗日人民进行群众性抗日游击战争，根据地通过减租减息、增加工资，调动起群众积极性，并采取广泛的民主的方式发动群众参加民兵和自卫团。

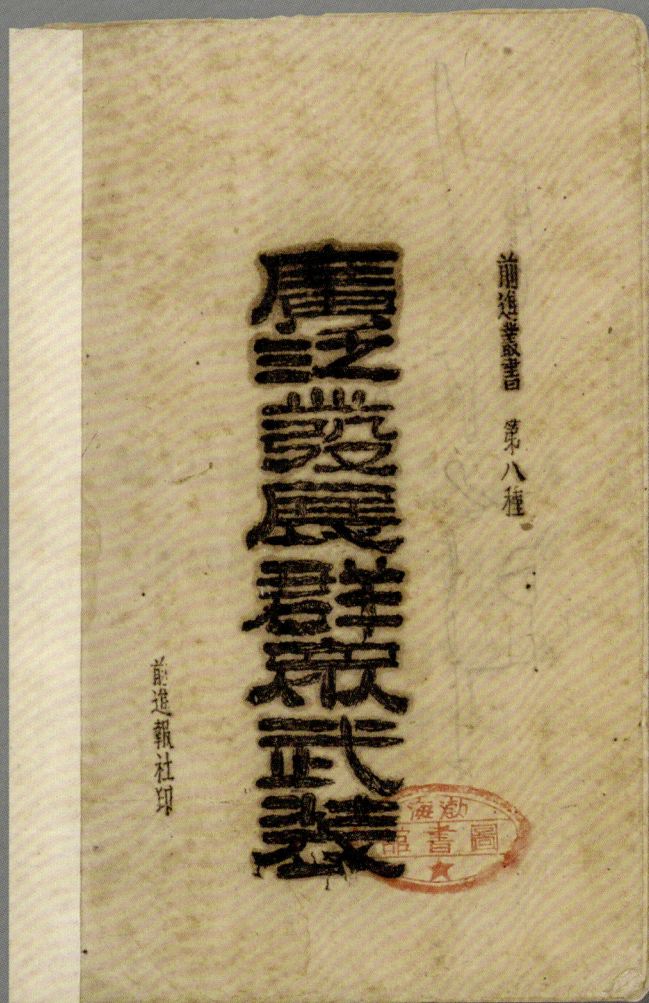

东海各救会印《论胶东——农救会和自卫团》宣传册

1941年
中共青岛党史纪念馆藏

《论胶东——农救会和自卫团》宣传册，东海各救会（东海区各界救国联合会）印制，共9页，油印时间是1941年4月。由抗日战争时期时任中共胶东区党委书记兼胶东军政委员会书记林浩作。《论胶东——农救会和自卫团》宣传册翔实反映了在中国共产党的领导下胶东农救会和自卫团积极抗日的重要史实，是林浩对根据地军民抗日斗争经验的总结，展示了胶东人民不畏强暴、同仇敌忾的爱国精神。

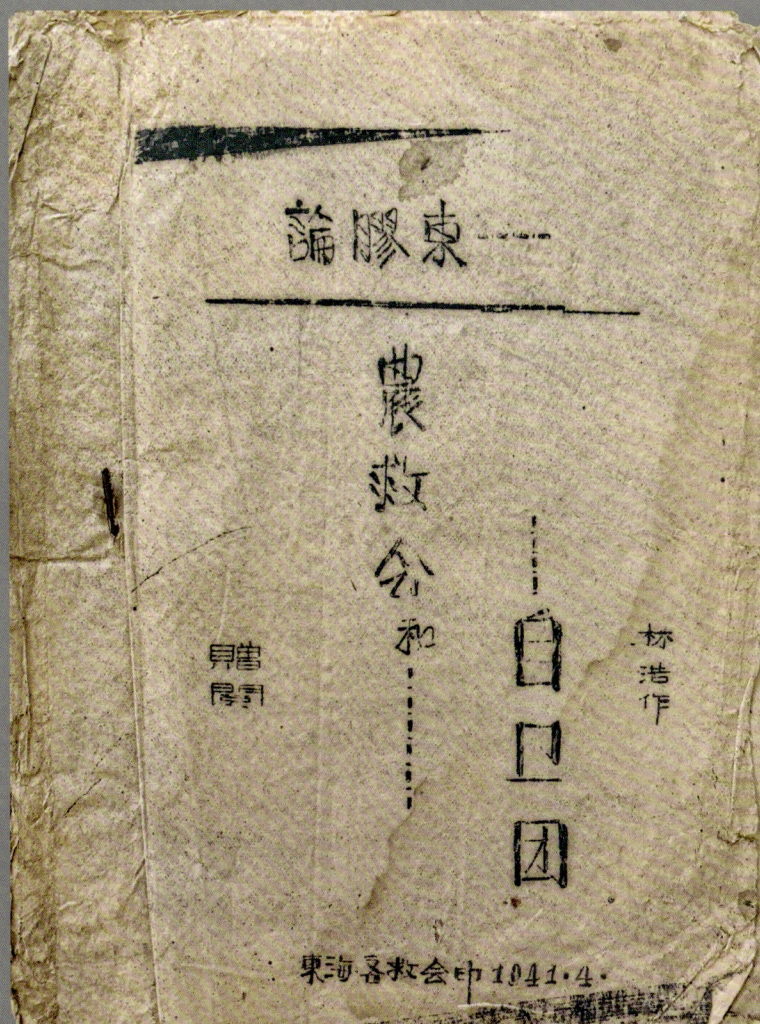

　　1941 年 12 月 19 日，盘踞在沭河西岸小梁家据点的日、伪军 156 人包围渊子崖村，被村自卫队用土枪、土炮击退。20 日上午 10 时许，日、伪军 1000 余人扑向渊子崖村，年仅 19 岁的村长林凡义带领 300 多名自卫队队员用土枪土炮、大刀长矛拼死抵抗，誓死不降，打退了敌人的多次进攻。敌军涌进村子后，全村男女老少在林凡义的带领下，用简陋的武器与日、伪军展开激烈巷战。傍晚时分，八路军山东纵队二旅五团一个连及县、区武装闻讯赶来支援渊子崖村民，敌人被迫撤退。此次保卫战中，共歼灭日、伪军 100 余人，本村村民及前来增援的八路军共牺牲 242 人，板泉区区长冯干三和区委书记刘新一等在战斗中牺牲，147 名本村村民（包括本村自卫队队员）牺牲，全村房屋基本被日军烧光。

　　面对野蛮邪恶的日、伪军，英雄的渊子崖人民用大无畏的气概，谱写出一曲血染的民族壮歌！此战被党中央誉为"村自卫战的典范"，渊子崖村被当时的滨海专署授予"抗日模范村"称号。渊子崖民众英勇抗敌，保卫家园的事迹，在山东革命斗争史上写下了辉煌的一页。

林凡义在渊子崖保卫战中使用的铡刀

1941年
莒南县博物馆藏

　　渊子崖保卫战中渊子崖村村长林凡义与敌搏斗时用过的武器。

渊子崖保卫战中民兵使用的
长矛的矛头

1941年
山东博物馆藏

渊子崖村民抗击日、伪军使用的土炮

抗日战争时期
沂蒙革命纪念馆藏

　　铁质土炮。1979年由渊子崖村村委会捐赠。渊子崖保卫战中，村长林凡义指挥全村男女老幼用土炮向敌人开火，用土枪、大刀、长矛、铁农具、铡刀、菜刀等简陋武器与敌激战。

1944年，滨海专署在渊子崖村北（位于今山东莒南县板泉镇）建成一座抗日烈士纪念塔。塔的正面简述了渊子崖村自卫战的经过，塔的背面雕刻着烈士的英名，塔的两侧是滨海军区领导陈士榘等人和县参议会的题词。参议会的题词是："云山苍苍，沭水泱泱；烈士之风，山高水长！"

抗日烈士纪念塔

赵守福

1919—2001

山东海阳人。1943 年加入中国共产党。抗战期间曾任海阳县村民兵连连长、县"赵守福爆炸队"队长。在物质条件极端艰苦的情况下，他带领民兵自力更生，就地取材，发明制造各种土地雷，创造了著名的地雷战术。曾三次出席胶东英模大会。1943 年，被胶东军区授予"爆炸大王"称号。1944 年，被授予"胶东军区民兵英雄"称号。1948 年，被山东省军区授予"山东民兵英雄"称号。1950 年，出席全国战斗英雄代表大会，受到党和国家领导人的接见，荣获"全国民兵英雄"称号。先后当选第四、五、六届全国人大代表。

全国民兵英雄赵守福使用过的土炮

抗日战争时期
山东博物馆藏

　　铁质土炮，原是清朝统治者为镇压义和团而造，1943年赵守福加以改造后使用。在抗日战争时期的反"扫荡"战斗中，他扛着这门土炮打退过日、伪军的多次进攻。

于化虎

1914—2004

　　山东海阳人。抗战时期于化虎和赵守福等人组织民兵制造出踏雷、绊雷、连环雷、梅花雷、石雷等20多种地雷，积极传授布雷技术，培训爆炸模范，运用灵活的地雷战配合八路军作战，有力打击了日、伪军。他们领导下的海阳民兵不仅在海阳境内大显身手，而且还奉上级武委会之命，多次组织远征爆炸队，到周边县配合当地部队作战。1945年于化虎被胶东军区授予"爆炸大王""胶东民兵英雄"称号。1950年于化虎作为民兵代表出席在北京召开的全国英模代表会议，被评为"全国民兵英雄"。图为于化虎像和1945年8月山东人民武装抗日自卫委员会发给于化虎的民兵英雄奖状。

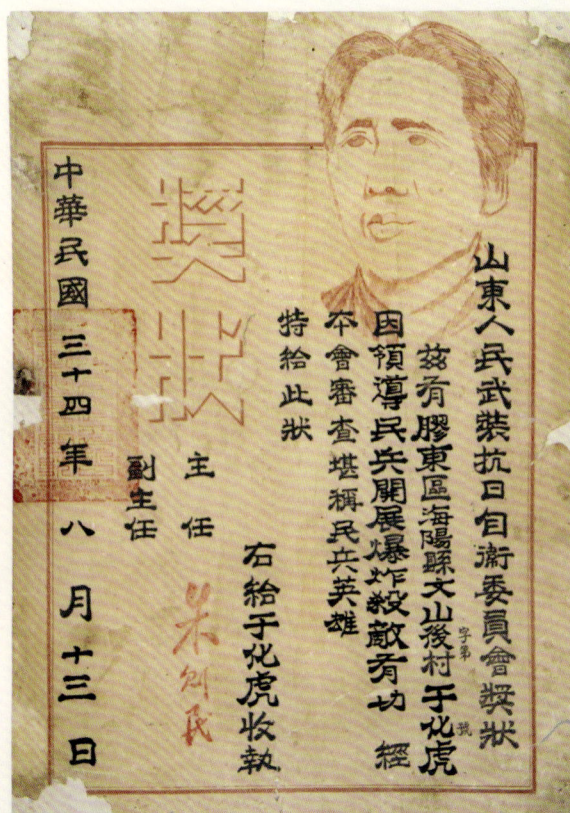

全国民兵英雄于化虎在地雷战中
使用的地雷箱

1943年
山东博物馆藏

　　地雷箱，木质，形似簸箕。内分上下两层：下层用小木板在中间分隔成两个小方格；上层木板有三个圆孔，呈三点布局。雷箱构造巧妙，放置地雷牢固，不致互相撞击，为背地雷之用。在抗日战争中，于化虎经常背着地雷箱，带领本村民兵布地雷阵。

全国民兵英雄于化虎在地雷战中
使用过的手榴弹箱

抗日战争时期
地雷战纪念馆藏

抗日战争时期于化虎使用的手榴弹箱。

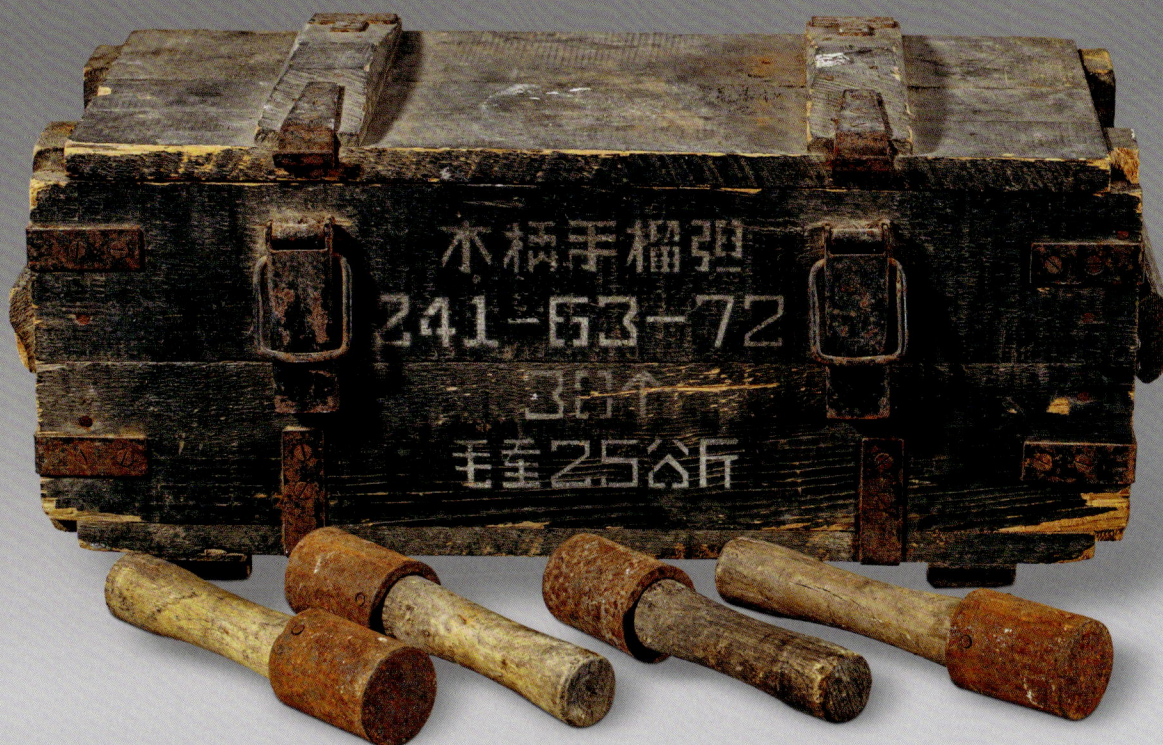

全国民兵英雄于化虎制造的石雷

1943年
山东博物馆藏

　　石质，中间凿有放置火药的孔洞。石雷是全国民兵英雄于化虎在抗日战争时期，在缺乏弹药的不利条件下，自己动手就地取材发明制造的。他利用石雷布阵，和胶东民兵们一起打击日、伪军。

海阳民兵把地雷埋到敌人的必经之路上

**全国民兵英雄赵守福和于化虎
埋设地雷时使用的十字镐**

抗日战争至解放战争时期
烟台市博物馆藏

爆破英雄王常茂制作的石雷

抗日战争时期
烟台市博物馆藏

　　抗日战争时期，为配合主力部队作战，胶东百姓踊跃参军，创造并开展了形式多样的敌后抗战形式。地雷战是抗日战争时期山东民兵最重要的作战方法之一。这颗石雷是黄县七甲乡七甲村爆破英雄王常茂制作的。

胶东武委会编印《爆炸大王》

1944年
山东博物馆藏

创刊于1944年，胶东武委会编印，民兵三期整训文娱材料之一，是文娱材料形式的思想教育宣传刊物。该期扉页印有曾任胶东区党委书记、胶东军区政委等职的林浩的题词，要求民兵在三期整训中，把技术再提高一步，学会与熟练使用自己的武器、自己的战术，争取三期整训的伟大成绩。

《爆炸大王》刊载内容是以民兵三期整训任务为中心，通过歌曲、小调、街头诗、民谣、相声、大鼓词、武老二、话剧、木刻等文娱形式，把三期整训贯彻到村，达到学习的目的。同时，《爆炸大王》也作为民兵三整的政治教材，为适应胶东解放区民兵、自卫队员、青妇队员的文化水平，把"三整歌""滨海整训歌""唱十字"等加入生动的事实和故事，进行政治、时事和文化教育，介绍对敌斗争的英勇模范事迹。

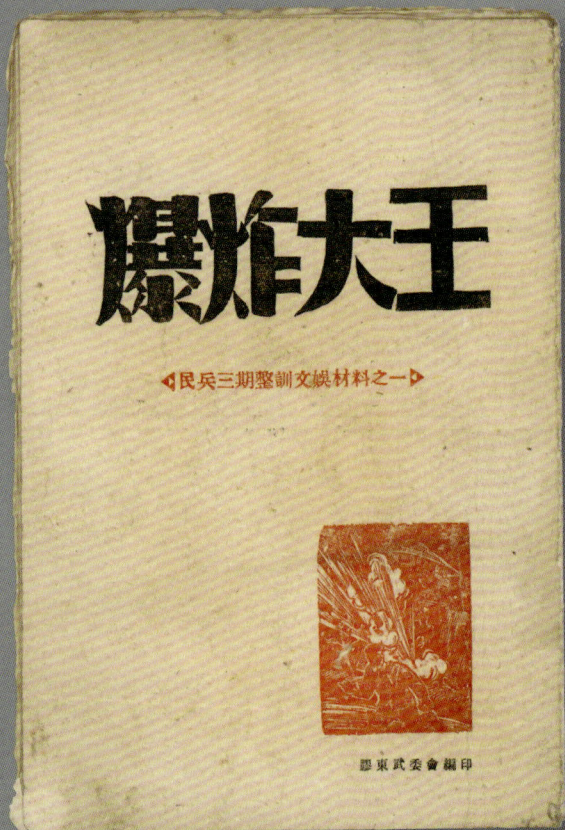

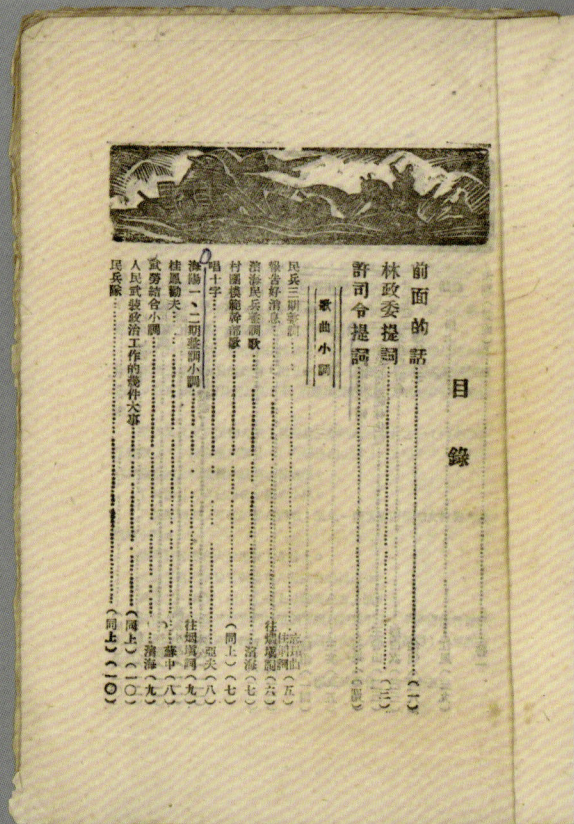

八路军授予胶东民兵的"胶东爆炸大王"奖章

抗日战争时期
山东博物馆藏

鲁南铁道游击队大队长洪振海等人在滕县地下交通员郝贞家中吃饭用的碗

1942年
山东博物馆藏

铁道游击队在山东滕县刘庄村一带活动时，大队长洪振海、副队长王志胜和刘金山等在地下交通员郝贞家中吃饭用的碗。1940年10月，鲁南铁道游击队由枣庄转移到津浦铁路西的六炉店，群众郝贞的家成了铁道游击队的活动基地，她本人则是游击队的交通员。郝贞以到城里卖煎饼为掩护，把中共地下党的宣传品夹在煎饼里，巧妙躲过日、伪军搜查，在临城各处张贴。她积极为游击队站岗放哨、洗衣做饭、搜集情报，使铁道游击队和其他抗日武装多次转危为安。正是这支由铁路工人、小摊贩、矿工和流浪者组成的非正规部队，风雨历险，他们始终和人民群众一道站在抗击日本侵略者的最前线，为抗战作出了重要贡献。

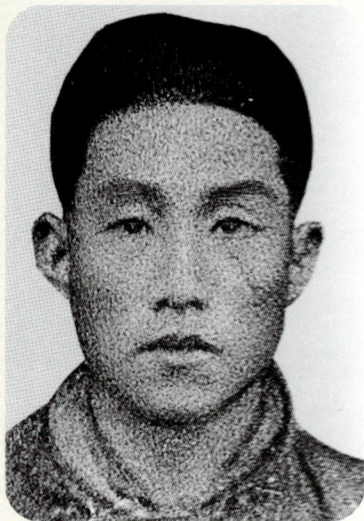

洪振海

1910—1941

　　又名洪衍行。山东滕县人。鲁南铁道队创建人之一，铁道游击队首任大队长。1938年，参加苏鲁人民抗日义勇队。1940年1月25日，苏鲁支队根据洪振海等人的建议，决定创建鲁南铁道队，委任洪振海为队长，杜季伟任政治委员。洪振海带领游击队活跃在微山湖和临城周围地区，夜袭洋行，袭击敌火车，破坏铁路，造成敌交通、通信中断，迟滞敌军行动，不断地给日、伪军以沉重打击。1941年12月初，在与日、伪军开展的黄埠庄战斗中，洪振海不幸牺牲。

位于曹县韩集镇的刘岗、曹楼、伊庄三村，是鲁西南抗日根据地的中心，被誉为"红三村"。图为在保卫红三村的斗争中，八路军地方武装向敌据点逼近。

红三村村民使用过的单刀

抗日战争时期
山东博物馆藏

　　红三村为抗日战争时期鲁西南革命根据地策源地。红三村抗日联防遗址位于山东菏泽曹县韩集镇刘岗、曹楼、伊庄。

　　1938年冬，八路军杨（得志）崔（田民）支队进入鲁西南，根据地扩大到40多个村庄，并连成一片。1939年7月成立中共鲁西南地委，领导这一地区的抗日斗争。1940年秋，八路军主力部队奉命北上，只留下地委机关和独立团150多人。日、伪、顽、杂万余人乘机夹击围攻。地委被迫孤守刘岗、曹楼、伊庄三村，组成守寨指挥部，以党员、积极分子为骨干，编成模范班，青壮年编成自卫队，轮流守寨。敌人进攻，三村相互支援。艰苦斗争达三月余，八路军主力南来，敌人仓皇逃窜。抗日军民创造了平原地区固守三村的著名战绩，受到了冀鲁豫军区的嘉奖。

运东地委武工队用过的长矛

1939年
运东地委革命纪念馆藏

运东地委武工队使用过的大刀

抗日战争时期
运东地委革命纪念馆藏

抗日战争和解放战争时期，运东地委在莒南韩集镇迟桥村领导全区军民浴血奋战，在敌强我弱之下深入敌后，打击日、伪军，发展敌后武工队。长矛和大刀等简陋武器见证了运东战士们浴血奋战的历史。

栾才山俘虏日、伪逃兵时使用的简陋武器——剪铁剪子

1941年
烟台市博物馆藏

栾家村位于海阳西北部山区，四面环山，是通往烟台的交通咽喉。1937年，在中国共产党的领导下，栾家村村民栾晋阶、栾良梅、栾级山等人在本村建立了第一个党小组，党小组广泛发动群众，组建民兵队伍，成立了自卫团。1941年发城之战时，海阳栾家村民兵栾才山在战斗中诱敌深入，俘虏了5名伪军，缴获了5支步枪。这是栾才山在栾家村北山口俘虏伪军逃兵时使用的简陋武器——剪铁剪子。

泰西情报站原始情报

1940年
肥城市档案馆藏

1940年夏张、丁家坞等泰西地区情报站传递给泰西地下情报总站的情报，主要报告了敌军动向、人员数量、武器配备等情况，共有大幅7张、小幅3张，是泰西抗日根据地党政军民地下情报工作、敌情侦察工作的真实写照。

1939年4月，八路军一一五师东进支队挺进山东，进入泰肥山区。为加强泰肥地区对敌情报工作，实现对泰西各县情报站的统一领导，东进支队与中共泰西特委决定在肥城县阎屯村组建情报总站，由东进支队、泰西军分区司令部及中共泰西特委三方统一领导。时任肥城县阎屯村支部书记的郭长灿担任站长，以修配自行车为掩护，开展情报传递工作。情报总站对于有效打击敌人、巩固和发展抗日根据地发挥了至关重要的作用。

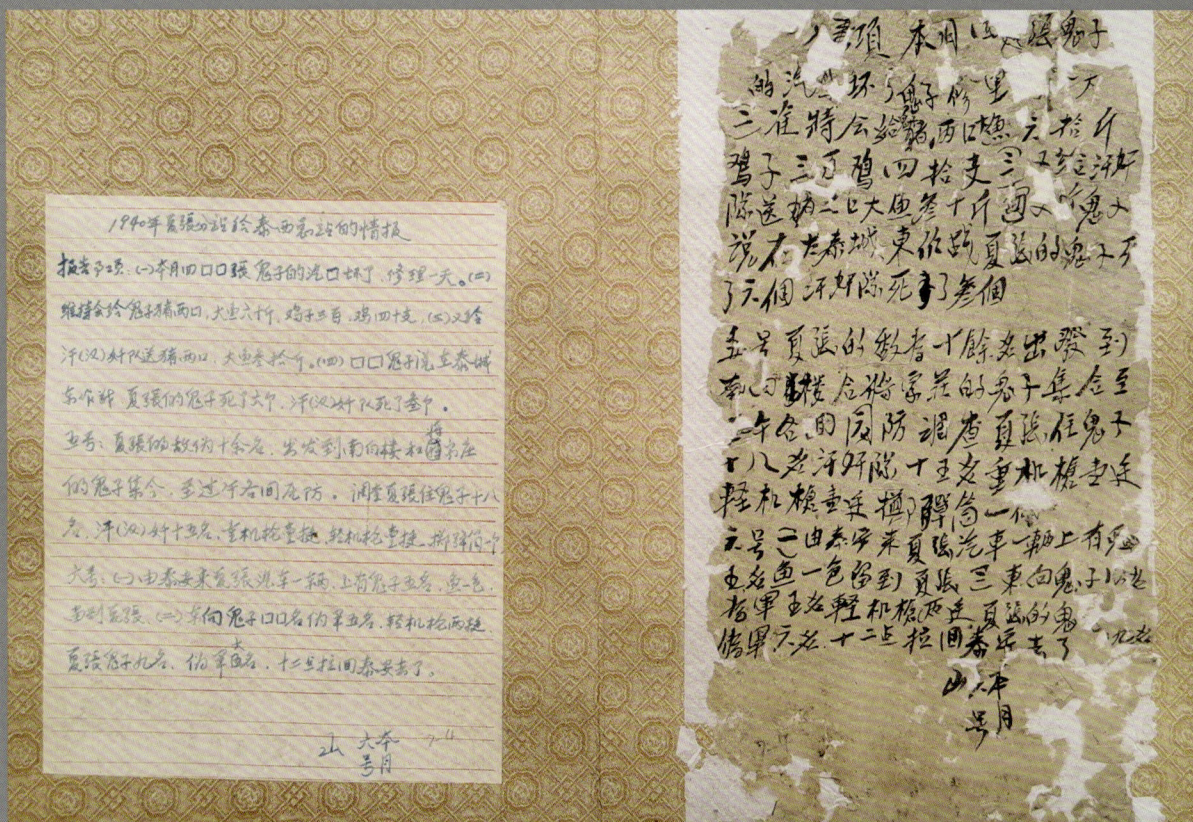

"专署总情报站第一办事处"印章

抗日战争时期
青州市博物馆藏

　　木质，菱形印章，阳刻"专署总情报站第一办事处"11字。

　　1938—1940年，中共清河区委群众日报社设在今高柳镇葛家口、许王庄、高庄一带。当时，《群众日报》的发行由总情报站负责。总情报站第一办事处设于许王庄。1977年，许王庄村民李兆明将其父保存多年的印章捐赠给益都县博物馆（今青州市博物馆）。

山东人民武装第一次代表大会通过《山东人民武装抗日自卫团组织条例》

1944年
山东博物馆藏

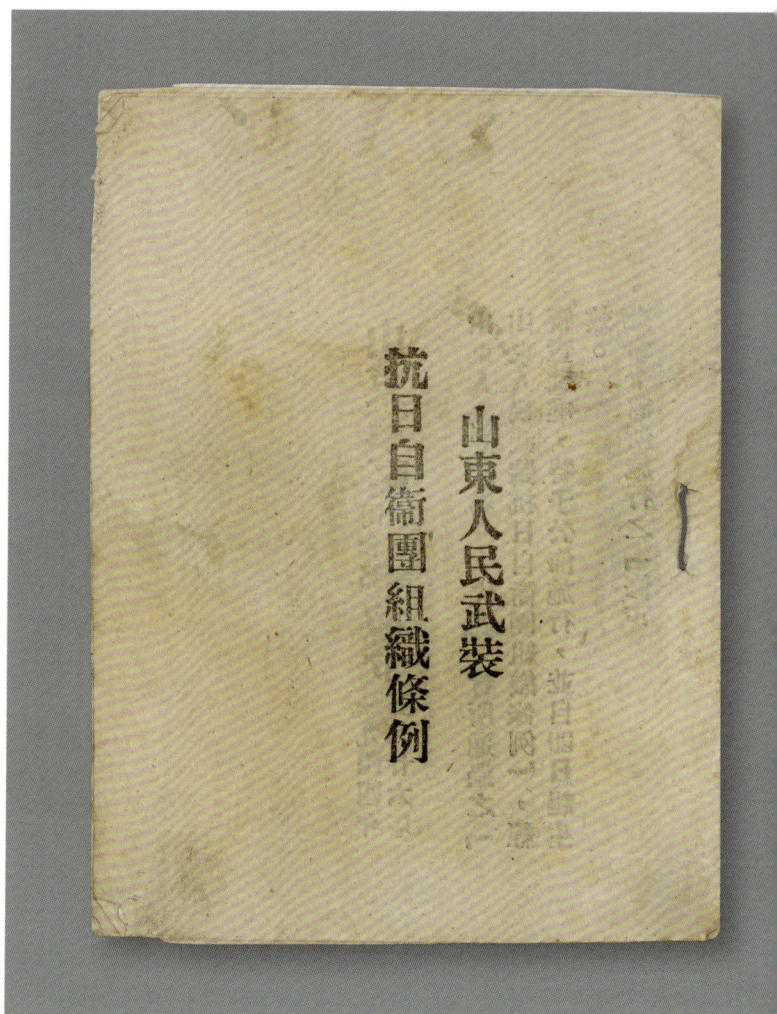

本条例出山东人民武装第一次代表大会通过，山东军区批准颁布，于1944年5月26日公布实施。人民自卫团是抗日战争时期，中国共产党领导的由人民群众组成的抗日武装力量，是中国共产党在全面抗战时期贯彻执行"人民战争"思想的重要载体，也是中国共产党成为中华民族抗战中流砥柱的表现形式，对抗日根据地巩固和发展以及抗战的最终胜利发挥了至关重要作用。

1941年，日、伪军开始将主要兵力转向华北敌后战场，抗日战争进入最困难的阶段。为战胜敌人，渡过难关，7月1日，中共中央山东分局发出"紧急动员起来，为建设坚持巩固的山东民主抗日根据地而斗争"的指示，要求山东全省必须有自卫团200万至300万人。1942年10月10日，山东省战时工作推行委员会公布通过的《山东人民武装抗日自卫团组织条例》，撤销了自卫团的县团部、区团部，建立各级武委会。各地在省人民武装代表大会精神的推动下，通过民兵大整训，继续发展民兵组织。1944年5月26日，山东军区司令部、政治部重新公布《山东人民武装抗日自卫团组织条例》，各地依此整顿了自卫团组织。到年底，民兵达到37万人，占根据地人口的4.6%；自卫队达到105万余人，其中妇女队员41.5万余人。

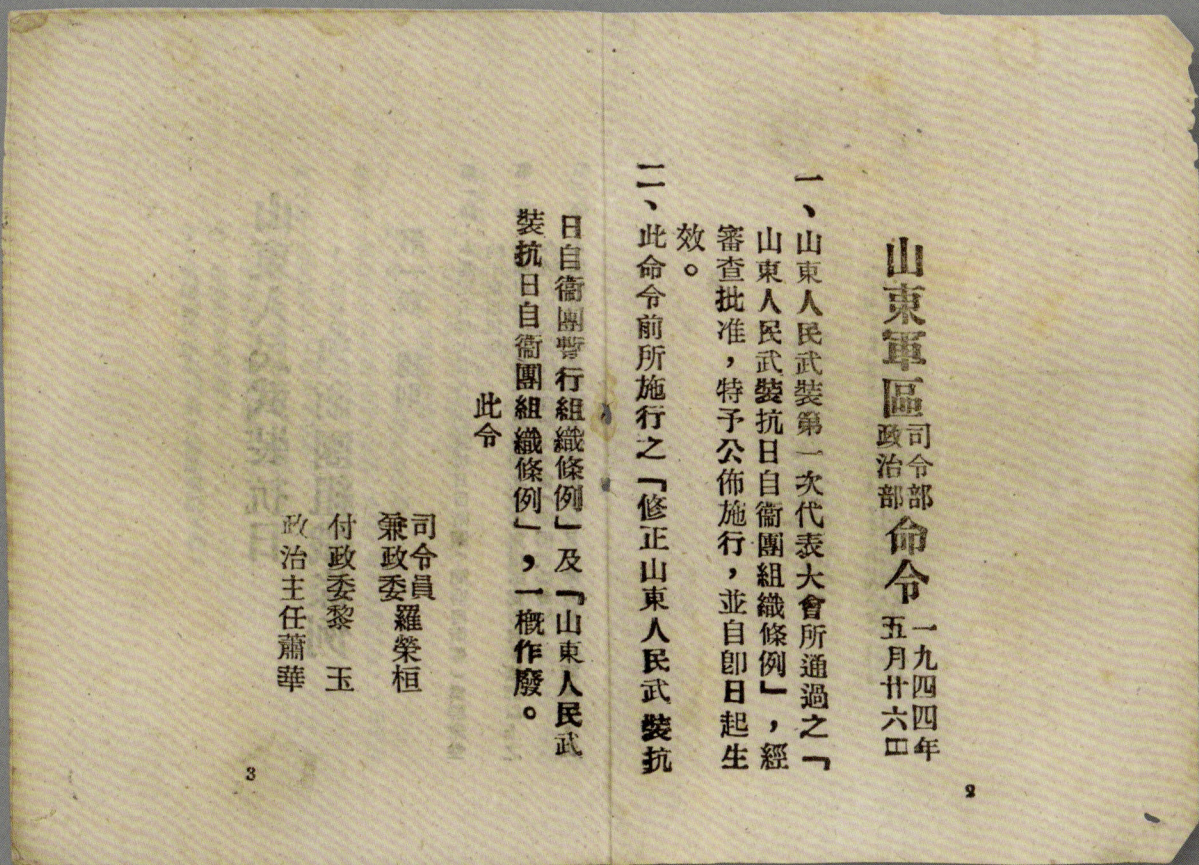

山東軍區司令部政治部命令　一九四四年五月廿六日

一、山東人民武裝第一次代表大會所通過之「山東人民武裝抗日自衛團組織條例」，經審查批准，特予公佈施行，並自即日起生效。

二、此命令前所施行之「修正山東人民武裝抗日自衛團等行組織條例」及「山東人民武裝抗日自衛團組織條例」，一概作廢。

此令

司令員
兼政委羅榮桓
付政委黎　玉
政治主任蕭華

3

胶东武委会编
《反对敌人重点主义配备村团教材》

1945年
山东博物馆藏

　　胶东武委会于1945年5月1日编印。胶东武委会要求此教材作为全体民兵自卫团员的临时教材、区干部的学习材料，参考《大众报》关于反重点主义的文章及本地对敌斗争的具体情况以帮助教育村团。该教材共四课：什么叫敌人的"重点主义"、

大楚留敌特国特阴谋发生之事件、反敌"重点主义"加强锄奸认真戒严、怎样对付敌人的军事活动。民兵、自卫队（团）是抗日战争时期中国共产党领导的不脱离生产的群众武装组织，是中国共产党在敌后动员和组织农民投入抗战的主要形式之一。中国共产党领导的敌后抗战是典型的人民战争。在艰苦卓绝的抗日战争中，中国共产党领导的人民军队之所以能最终战胜强敌，就是深深植根于人民群众、发动人民群众，广大的群众与人民军队一起出生入死、并肩作战。

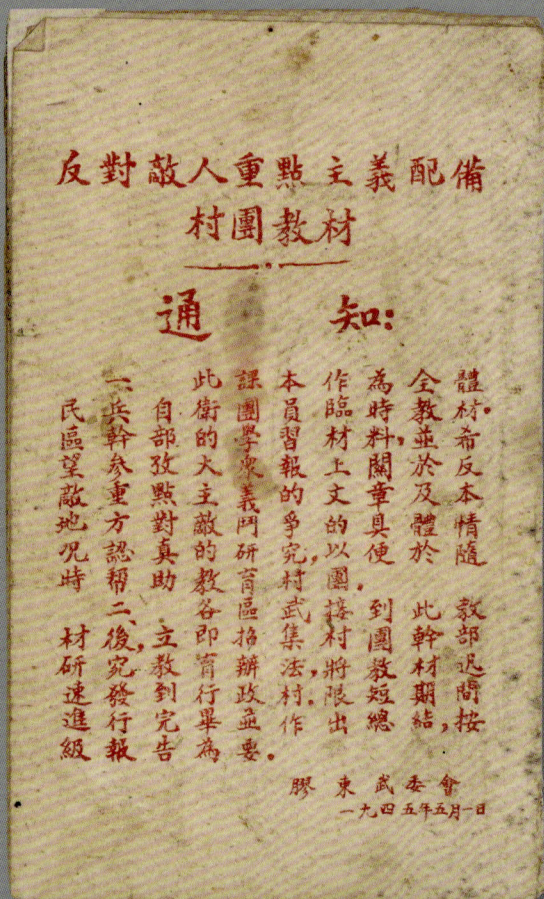

中共中央山东分局出版《滨海区莒南县委关于拥军参军工作具体总结》

1944年
山东博物馆藏

滨海区莒南县委对该县拥军参军工作的具体总结，包含该县环境特点与参军成绩、工作布置与过程、支部拥军教育、劳军运动、参军行动的开始及各组织各阶层力量的运用等18项内容。滨海区莒南县委拥军参军工作具体总结，是山东县级党委由实际出发的系统总结。从这份总结可以看到莒南党组织的工作已经开始大部深入农村，同时也开始注意掌握思想领导和组织领导。从这个意义上来看，这个总结不仅是从中学习一些拥军参军工作的办法，更重要的是从中体验我党和群众的关系，即党如何联系群众，怎样领导群众，又怎样向群众学习的重要性。在拥军参军工作经验方面，该总结指出"拥军教育时期要长，参军工作时期要短"，这对山东各地即将开展的拥军参军工作起到了实际指导作用。

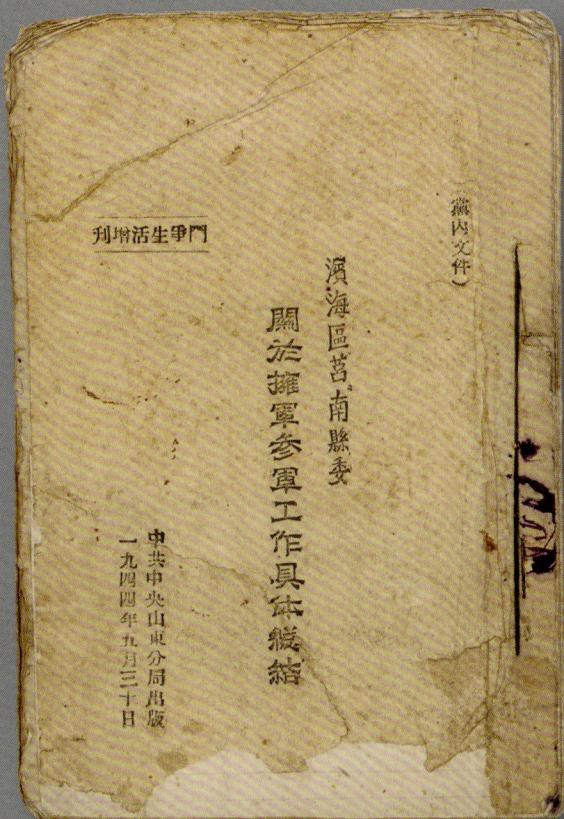

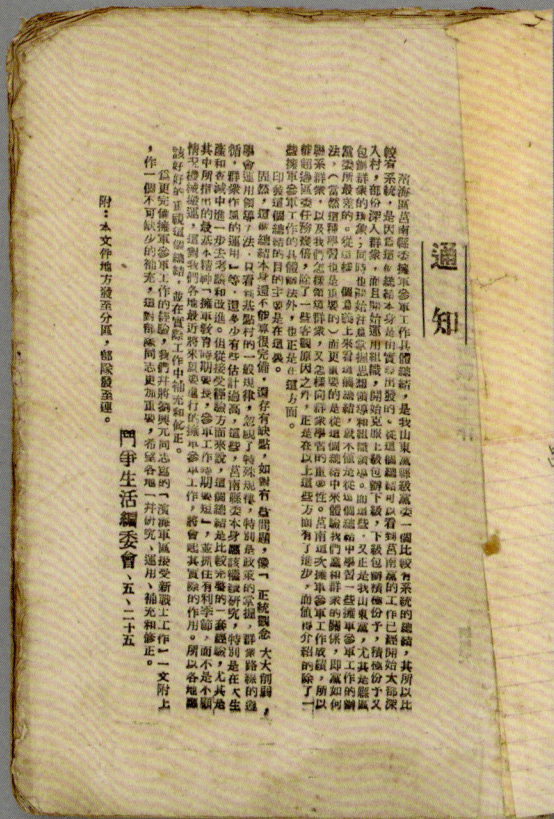

山东抗日根据地青年踊跃参加八路军。图为在参军大会上举行升旗仪式。

王宪文

1885—1945

　　山东省东明县王高寨村人。中共党员，村农会会长。1945 年 4 月 8 日夜，日、伪军 2000 余人攻打王高寨村，村民、农会会长王宪文率领农会成员手持红缨枪、大刀、铁斧、铁锹等为武器，不畏强敌，与民兵配合奋起反抗，终因敌众我寡，弹药尽绝，王宪文壮烈牺牲。

王高寨战斗王宪文使用的红缨枪

1945年
东明县博物馆（东明县文物保护中心）藏

　　红缨枪由木、棉麻纤维、铁组合而成，长柄端装有金属尖锐枪头，在枪头和柄的连接处装有红缨饰物。这支红缨枪是王宪文在王高寨战斗中使用过的武器。

荣成民兵英雄孙德生杀死日军队长所用的军刀

1943年
烟台市博物馆藏

1943年，荣成县民兵孙德生冒着生命危险，潜伏进日军岗楼，利用缴获的日军所佩军刀，杀死了日军队长。在革命战争年代，荣成有5.1万人参军入伍，6500多人为国捐躯，为胶东革命作出了重要贡献。

民兵武器护手钩

抗日战争时期
地雷战纪念馆藏

　　护手钩为地雷战中民兵使用的武器。护手钩又
名虎头钩，在武术器械中属于短兵器，其造型奇
特，钩身似剑，前端有钩，称为钩头；后部如戟，
尾同剑尖，称作钩尖；双护手似镰（与钩同侧），
称为钩月。

杨吉

　　原名焦学文，山东东阿人，1938年加入中国共产党，曾任阿阳边区总支书记，1939年转入东阿地下联络站任站长，后任东阿县第八区区委书记，1942年任东阿县邮电局局长，1947年任地区邮电学校教导主任，1949年任县卫生院院长，1963年退休。

地下交通站档案

1945年
东阿县文物事业发展中心藏

　　地下交通站档案共33页，详细记录了交通站人员的年龄、籍贯、家庭经济状况、出身成分、文化程度、担任职务及党内外奖励、处分情况。这册珍贵的地下交通站档案由时任东阿县地下交通联络站站长杨吉珍藏，并于1975年送交东阿县图书馆保存。

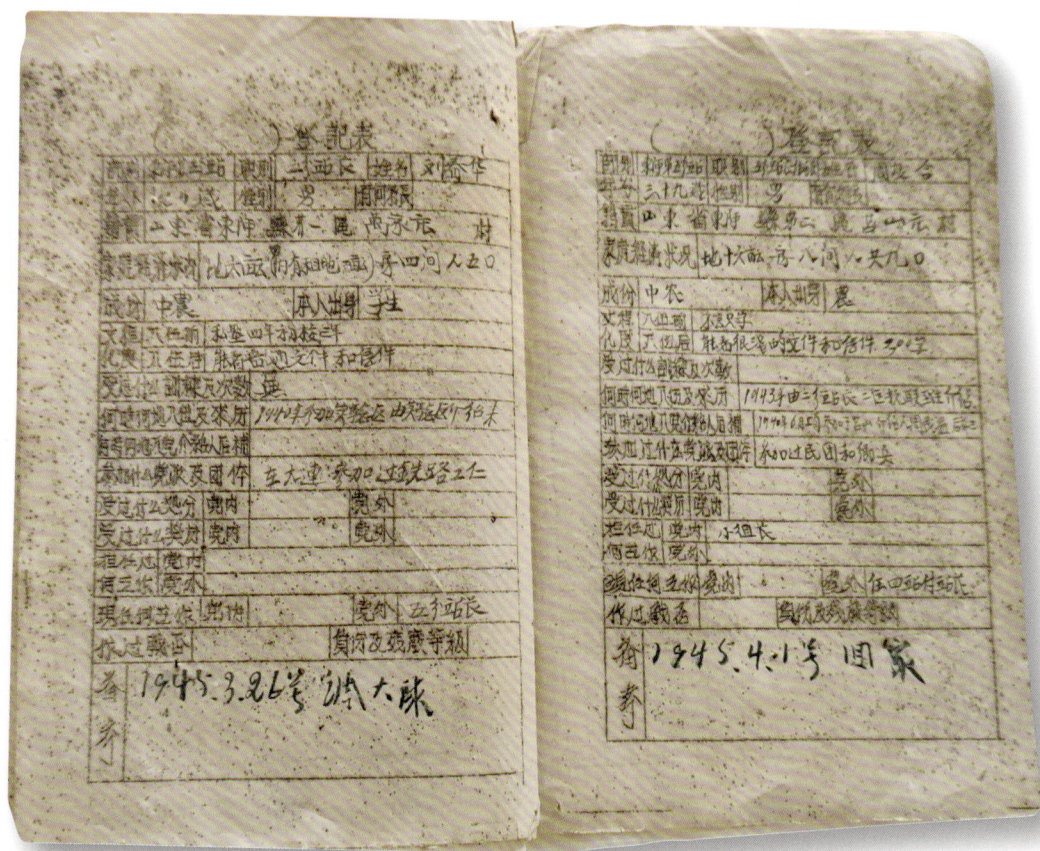

温长裕

1922—1945

又名杨锐，山东蓬莱人。1937年先后参加蓬莱小学教师抗战服务团（战地服务团）和中华民族解放先锋队蓬莱县大队，1938年2月参加蓬莱武装起义，次年加入中国共产党，奉命在蓬西沿海一带以教学为掩护开展敌占区民运工作，并担任蓬莱五区青救会会长。1942年春开始，任中共蓬莱第五分区区委书记。1945年1月15日于五区西正李家执行任务时与敌人遭遇，在掩护同志撤退中光荣牺牲。

温长裕使用过的油印机

抗日战争时期
烟台市蓬莱区烈士陵园管理处藏

温长裕善于写作，注重利用手中之笔，宣传、发动、组织群众。他白天教学，晚上撰写、编排革命宣传材料，进行钢版刻字，使用筹到的油印机油印，组织职工会、农救会、妇救会、儿童团挨家挨户投送，四处张贴。在温长裕的领导下，蓬莱五区对敌斗争开展得很有声色。这期间，温长裕还带领五区区中队和民兵，配合胶东主力部队和蓬莱地方武装积极开展反"扫荡"、反"清剿"、反封锁、反渗透，取得了一系列胜利。

陈桂香

1925—

　　女，山东海阳人。1941年参加妇救会，任青妇队队长，参加大小战斗几百次，被评为"练兵模范"和"支前模范"。

　　1945年春节，海阳民兵和自卫队奔赴前线，陈桂香组织全村妇女一夜之间磨出了千余斤面粉，又组织两支担架运输队，连同面粉一起送往前线。她还承担了检查岗哨、督促烧水、准备担架、运送军粮的工作，为前线尽心做好后勤工作，成为海阳女民兵的支前模范。

　　1945年8月，在胶东区第二届英模大会上，被评为胶东民兵英雄。

海阳女民兵英雄陈桂香获颁的奖状

1945年
烟台市博物馆藏

　　1945年8月，山东人民武装抗日自卫委员会为因战时后勤工作有功的陈桂香颁发民兵英雄奖状。

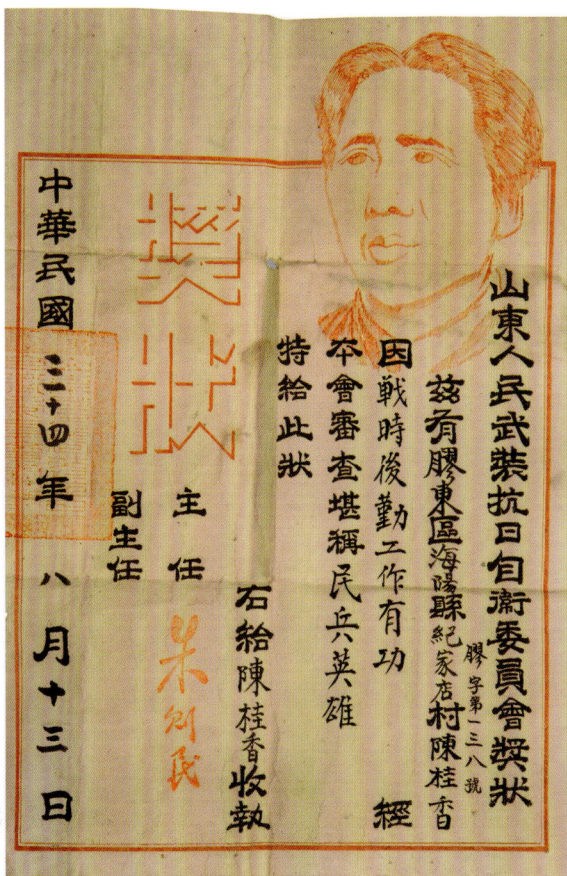

胶东武委会召开英模大会时
民兵英雄纪念留影

1945年
山东博物馆藏

海阳女民兵英雄陈桂香保存并捐赠。抗日战争时期，海阳民兵有效地配合主力部队和地方武装打击敌人，涌现出大批英雄模范，多次受到上级嘉奖。仅在1945年5月的反"扫荡"斗争中，海阳县小纪、东村、行村、磊石、龙山等8个区民兵6天取得了杀敌280人的光辉战绩，创造了反"扫荡"中民兵战的空前战果。为号召胶东各地民兵学习海阳民兵连续战斗、保家卫国的英勇精神，6月3日，

胶东武委会授予海阳县"战斗模范县"的光荣称号。7月，胶东武委会在海阳县高家村召开反"扫荡"斗争经验总结大会。会议推广了海阳县"五虎村"、盆子山区民兵联防战的经验，并进行了英模事迹交流，评选海阳民兵赵守福、于化虎、孙玉敏、于晋江、赵同伦、纪常胜、纪中胜、陈桂香、纪彦、纪洪福、栾恒悦、隋良萱、冷世竹13人为胶东民兵英雄。

主力抗属光荣旗

抗日战争时期
东营市垦利区博物馆（含渤海垦区革命纪念馆）藏

主力抗属光荣旗原在垦利区垦利街道寿山村杨庆堂家中保存。杨庆堂在父亲杨士元健在时于1973年把这面主力抗属光荣旗送交垦利县文化馆保存，后移交东营市垦利区博物馆（含渤海垦区革命纪念馆）永久收藏。

杨士元是1936年入党的老共产党员，曾参加牛头镇武装起义。他共有三子，大儿子杨庆荣，二儿子杨庆华，三儿子杨庆堂。在抗日战争时期，杨士元与杨庆荣、杨庆华父子三人同时战斗在鲁南抗日前线。之后，杨士元转回老家做地下工作，发展党员，动员参军，解放战争时期在寿光七区作领导工作。杨庆荣是中共党员、烈士，牺牲时任八路军排长。杨庆华于1938年12月参加八路军，时年15岁，曾担任过八路军连指导员。在1945年春节前后由中共益寿县政府颁发主力抗属光荣旗。

地下交通员梁惠民传送情报用的包袱

1939年
冀鲁豫边区革命纪念馆藏

　　棉麻纤维质地，冀鲁豫边区地下交通员梁惠民多次完成重要情报传递，此为传送情报时所用的包袱。

地下联络站玉来饭庄为掩护使用的
特许牌

抗日战争时期
淄博煤矿博物馆藏

　　此特许牌为玉来饭庄所用，陶瓷烧造。玉来饭庄是由地下党员陈守法和妻子白怀英开的，名义上是饭庄，实际是淄博矿区地下联络站。

　　1940年，淄博矿区地下党组织因叛徒出卖遭到破坏。1942年7月，上级党组织派陈守法到淄博矿区建立、发展党组织。陈守法是当地人，从小在煤矿当童工。1936年，经淄博工运负责人张天民介绍加入了中国共产党。陈守法来到矿区不久，便在洪

山镇开了玉来饭庄。经上级批准，在玉来饭庄成立了矿区地下党支部，由陈守法任书记，杨学胜任组织委员，孙九玉任宣传委员。地下党员大部分都分布在电厂、机厂等单位，他们经常到玉来饭庄反映情况和接受任务。凡搜集到的敌人情报，便由交通员白怀英直接送给矿区党委书记梁振环。上级指示、文件则由外线交通员刘守灿来玉来饭庄传达。玉来饭庄不仅是党的地下联络站，也是对敌斗争指挥部。

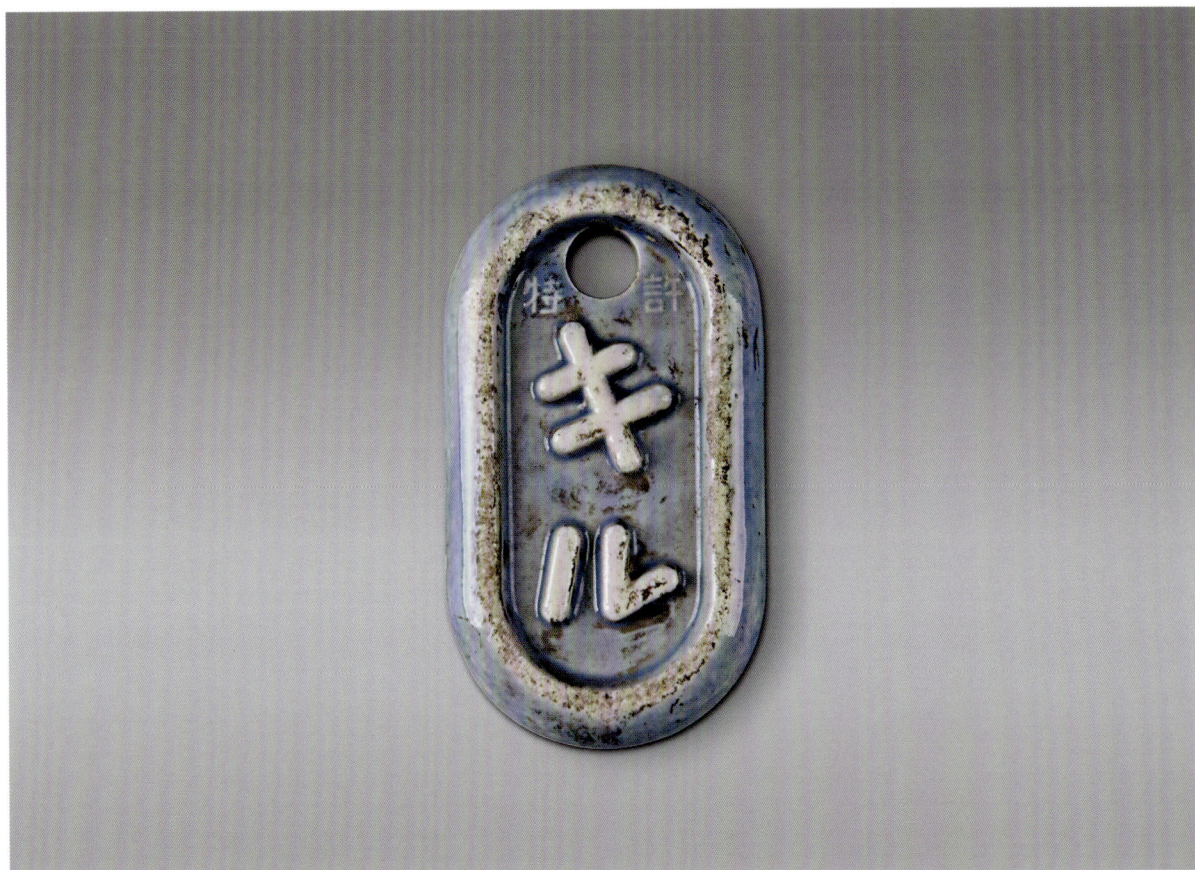

山东省第十三区保安司令部政治部出版社出版《七七抗战两周年纪念特刊》

1939年
莱西市博物馆藏

1939年7月山东省第十三区保安司令部政治部出版社为纪念七七抗战两周年出版。七七事变爆发后的次年，1938年日本海军从山东头、栈桥登陆，侵占青岛市区，周边即墨、平度等县也相继沦陷。为贯彻落实抗日民族统一战线政策，争取国民党各部共同抗日，1939年3月，由八路军山东纵队第五支队发起，在栖霞县桃村召开各友军联席会议，成立鲁东抗日联军，各部互相配合，共同打击日、伪军。

该特刊内容由题词、卷头言、论文、散文、漫画、小品、诗歌7大部分组成。开篇为李先良、刘振东等20位当时鲁东抗日联军、山东省第十三区保安司令部主要领导关于七七抗战的题字。卷头言简要介绍了成刊的背景和目的，全刊以论文和散文为主，回顾了抗战的艰难，讨论当前鲁东地区抗战形势，展望民族团结抗战的必胜必成未来，激励军民团结一心、共同抗日，其间穿插有以七七抗战为主题的猜字插画和反映民众参与抗战的漫画等。

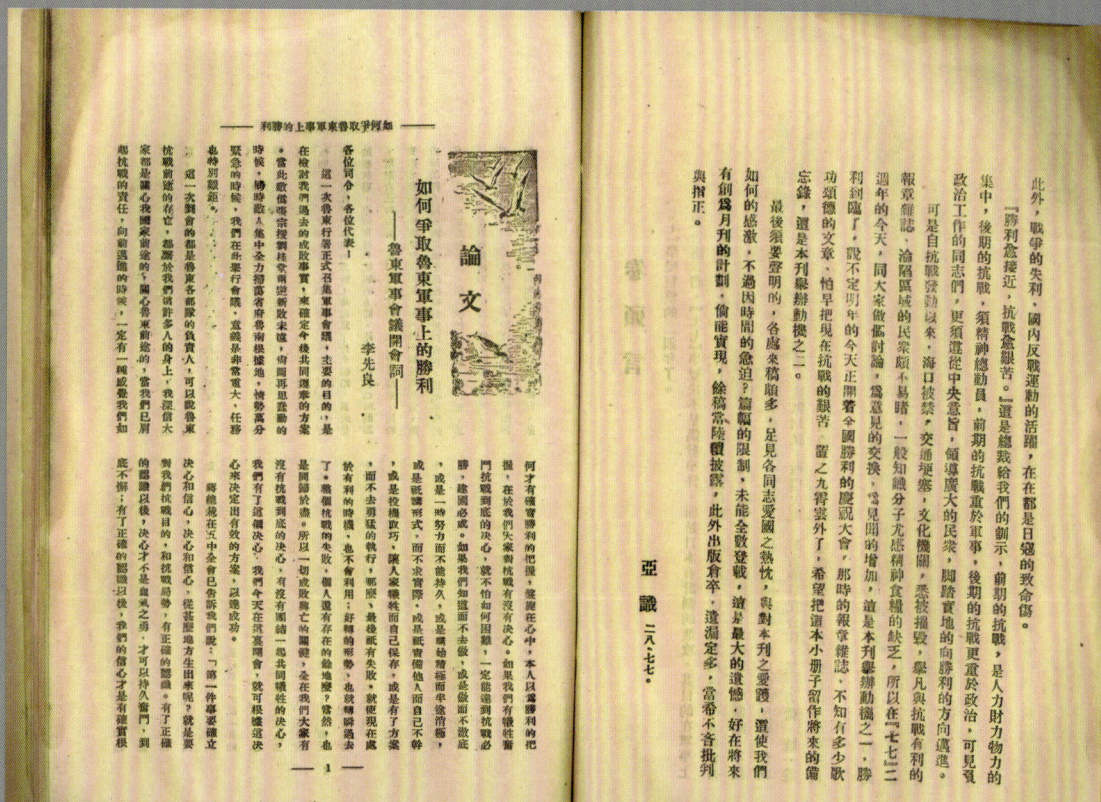

杨得志

1911—1994

原名杨敬堂，湖南醴陵人，中国共产党党员，毕业于抗日军政大学和南京军事学院。

杨得志于1928年参加工农革命军，同年加入中国共产党。在革命生涯中，历任中国工农红军第四军十一师班长、排长、连长，第四十五师管理科科长、九十三团团长，红一军团第一师一团团长、副师长，第二师师长，中国人民抗日军政大学队长，八路军一一五师三四三旅六八五团团长、三四四旅代旅长，冀鲁豫支队支队长，八路军第二纵队司令员，冀鲁豫军区司令员，陕甘宁晋绥联防军教导一旅旅长，晋冀鲁豫军区第一纵队司令员，晋察冀军区第一、第二纵队司令员，晋察冀野战军司令员，华北军区第二兵团司令员等职。

冀鲁豫军区司令员杨得志、政治委员苏振华给南华县东节村民兵的嘉奖信

1942年
冀鲁豫边区革命纪念馆藏

1942年，冀鲁豫军区司令员杨得志、政治委员苏振华给在大生产运动中南华县东节村民兵的嘉奖信。为支持长期抗战，与日、伪残酷"扫荡"开展斗争，战胜日本侵略者，党中央动员抗日根据地全体党政军民，自力更生，克服困难，渡过难关。

刘六民同志並转云前村杀敌的诸位战友：

你们英勇杀敌的此举，轰动了邻区各城了，
华北，对此战绩万分感动於衷，並致无限
的敬意。

此你们的英勇行动说明了日寇并不是怕，只要
大家紧密团结，组织民兵、安的联防，是足方
以振奋敌人。

了你们的英勇行动，更说明了敌人的机枪大砲并
非是万能的力量，只有广大群众起先做
抗日人民，扛物是舞着蓑起和菜刀，才是永远
不可战胜的。

你们的英勇行动，也究明了苟且偷生偷心悬值一
苟存的心理是死路一条，只有打敌子才是生路，
同此，你们是广大人民中的榜样，一方不甘心受敌
压迫与残踹的人们，必将学习你们的英勇，一致
奋起与敌抗争！

"苏海遂阔同愚為往愿向你们，並奖金
五件元以资鼓励，希望全同志贵版更节
封黎结捐到底，保卫家绑，
敬礼

杨传志
蔚振华

齐南峰

1912—1942

又名秀增，山东堂邑县齐家庄（现属冠县辛集镇）人。1938年5月考入聊城政治干部学校第一期，在校期间加入中国共产党。毕业后历任范筑先民军第一路指导员、先纵政治部民运科科长、阳谷县抗日民主政府县县长及第三专署民政科副科长、实业科副科长。1940年冬，担任朝城县抗日民主政府县县长。1941年指挥县大队和民兵夜袭日、伪据点、碉堡，深入敌占区粉碎日军"蚕食"计划。1942年7月20日，齐南峰率队到徒骇河以南的几个村庄征集抗日公粮，在苏村北与敌遭遇，掩护大家撤退时不幸中弹牺牲。

南峰县民主政府为革命军属颁发的
"忠义勇"奖匾

1948年
冀鲁豫边区革命纪念馆藏

1943年7月，为纪念抗日烈士朝城县县长齐南峰，改朝城县为南峰县，县驻地为今莘县朝城镇。

冀鲁豫军区颁发的抗日同情证

1943年
冀鲁豫边区革命纪念馆藏

　　冀鲁豫军区在伪军内部发送的"抗日同情证"，印有关公像和"身在曹营心在汉"的字样，发给暗中支持抗日的伪军人员，被称为"关公牌"。持有"抗日同情证"的伪军人员及家属，可受到我方保护。一时间，不少伪军人员争着为我方送情报、送物资，暗中支持抗战。

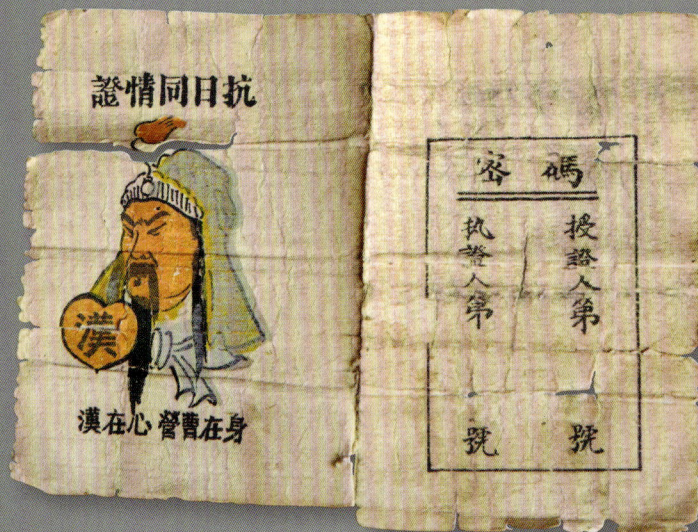

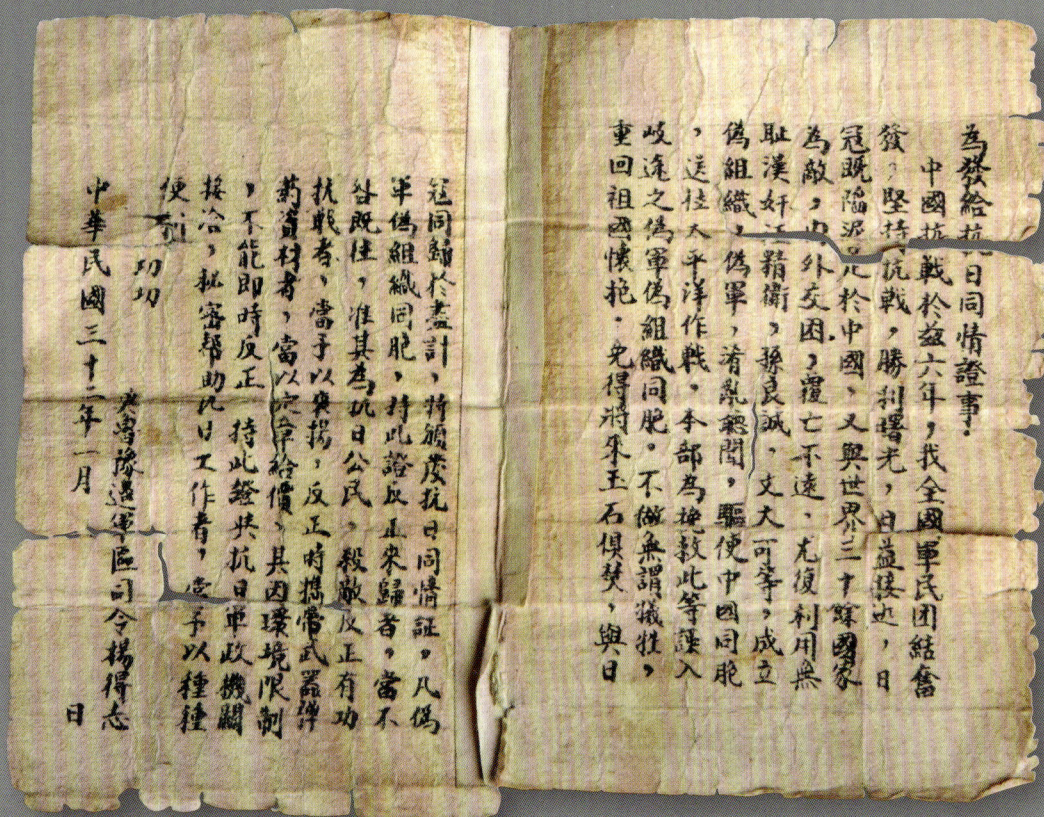

胶东军区武委会编印
《民兵战术讲授课本》

1943年
地雷战纪念馆藏

1943年2月出版。抗日战争时期，各村民兵普遍开展练武活动，主要有射击、刺杀、投弹、埋雷和战术、技能训练。每到冬季，县、区武委会层层举办训练班，培训以军政骨干为教练，对各村民兵进行全面训练。1943年冬至次年春，全县民兵开展整训练武运动。男女民兵大都学会几种埋雷方法，有的会二十几种；射击水平普遍提高，涌现出许多射击能手。

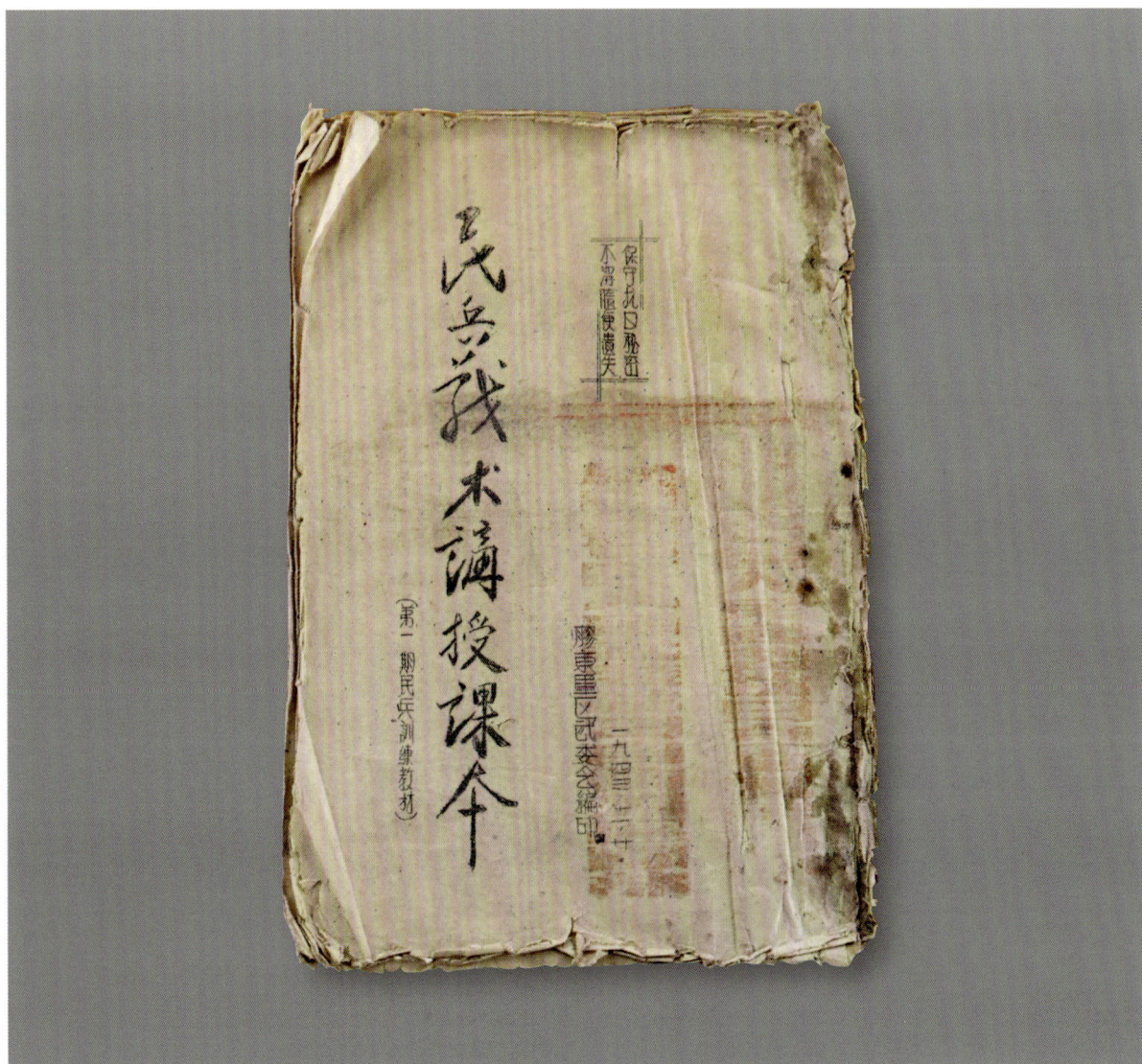

山东省民委编
《 第四章　回救会的具体工作与方法 》

1941年
山东博物馆藏

山东省民委编，记录了回救会的组织工作，成立回救会的原因，回救会的目的和宗旨，以及如何建立回救会，包括管理、经济制度的建立。它见证了中国共产党在抗日战争时期团结全国各族人民进行全民族解放、领导全民族抗战的历史。

山东少数民族的社会生活，涉及政治生活、经济生活和文化生活各方面。近代以来，广大少数民族群众在反帝爱国斗争，特别是抗日战争和解放战争中，团结奋斗，贡献卓著。山东抗日根据地坚决贯彻执行党的各项方针政策，充分发动回族人民，在回民集中地方成立回民抗日救国协会，组织回民抗日武装，成立回族民兵基干团，肃奸抗日、支援前线，保卫根据地。

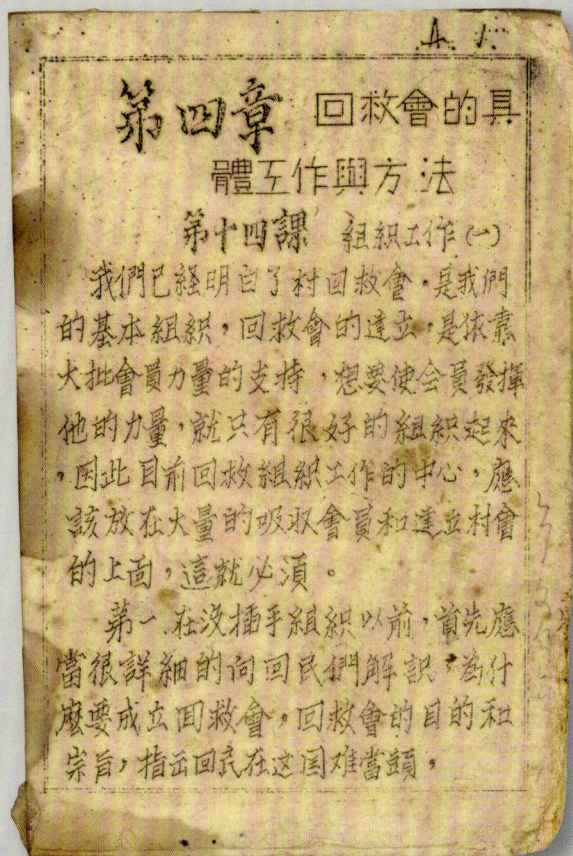

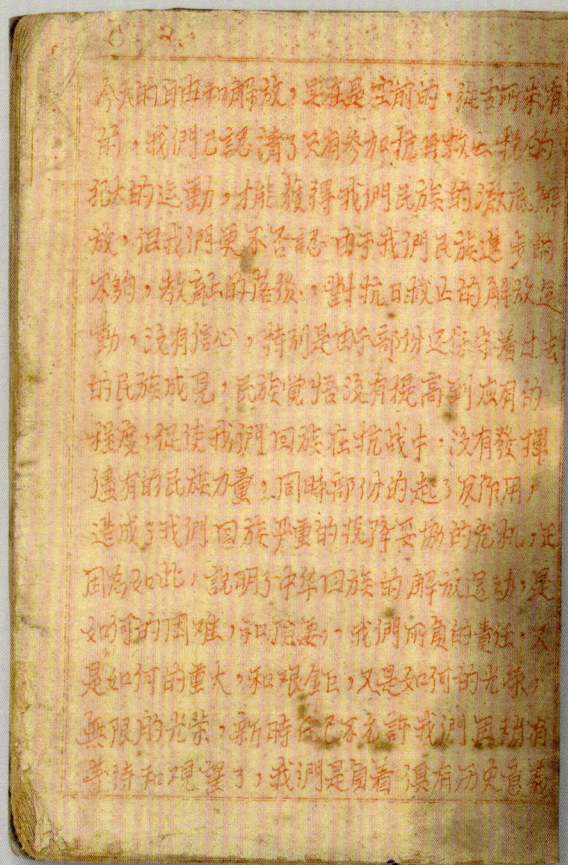

中共运东地委机关领导人用过的砂锅

抗日战争时期
运东地委革命纪念馆藏

　　陶制品。抗日战争期间，曾管辖聊城大部分区域的运东地委就设在"抗日堡垒村"韩集镇迟桥村。田纪云、李来柱、谢鑫鹤等革命前辈都曾战斗并生活在这里。战斗中不断有受伤的战士被村民用木板抬到家中治疗，用砂锅煎药治伤。

第三章

创模生产
保障抗战

　　全面抗战期间，山东抗日根据地的广大工农群众，为了抗击日本帝国主义的武力"扫荡"和经济封锁，响应党中央的号召，积极投入大生产运动和创模运动，涌现了大批英雄模范人物。据不完全统计，从1943年5月到1946年6月，山东各抗日根据地工会共召开地区英模表彰会12次，表彰劳动英雄39名、各类劳动模范562名，促进了根据地政治、经济发展。大生产运动出现了各种变工队、互助组。大部分村建立了中国共产党支部，巩固了抗日民主政权，为抗日战争取得最后胜利奠定了基础。

为壮大根据地的经济实力，1943 年 10 月，中共中央山东分局决定开展大规模的生产运动。

山东军区政治部帮助群众挖水渠抗旱

《黎玉同志在滨海区劳英大会上的演说》

1943年
山东博物馆藏

　　《黎玉同志在滨海区劳英大会上的演说》是根据1943年（新华社）山东分社2月11日刊发电文油印的小册子翻印的。从1942年开始，山东抗日根据地根据中央指示精神开展大生产运动，该演说是黎玉对1942年大生产运动的总结，并对下一步工作提出了希望和要求。

　　黎玉首先肯定了大生产运动的中心环节——

变工互助所取得的成绩，大力表彰了为组织变工做出成绩的英雄模范。然后从八个方面对变工互助工作进行了分析和总结，要求实行典型示范，宣传劳动模范的英雄事迹。号召山东各地的党政军民全体同胞一定开展好新一年的大生产运动，为准备反攻而奋斗，为争取初步的自给自足而奋斗。

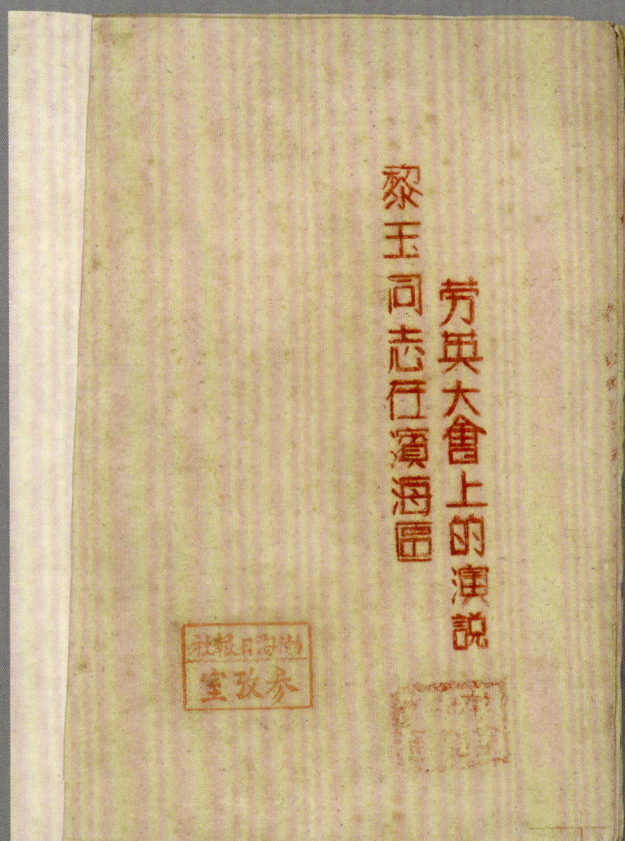

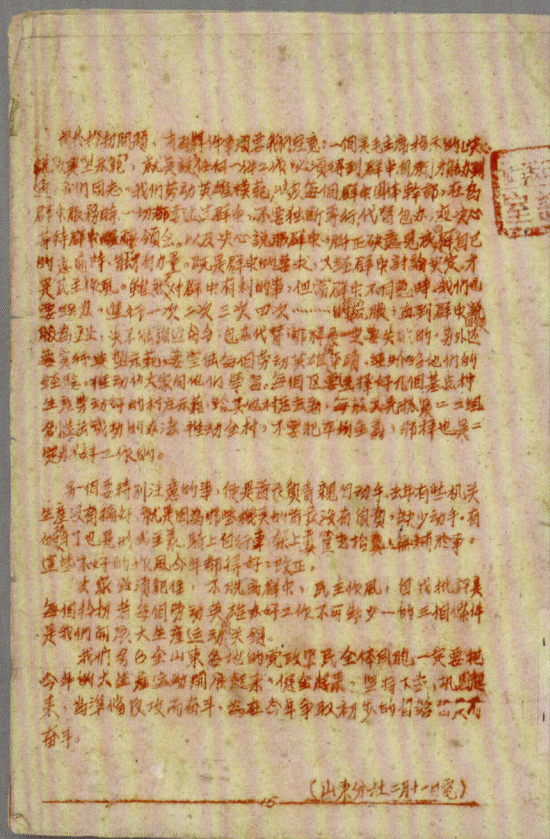

1943年11月，滨海区在莒南县坪上村举行生产展览及劳动模范大会。图为黎玉（后排左6）、陈士榘（后排左5）与滨海劳动模范合影。

栖霞县政府翻印
《1941胶东农业生产计划》

1941年
烟台市博物馆藏

　　栖霞县政府翻印本。1941年为加强对农业生产的指导，胶东区党委制订了《1941胶东农业生产计划》（简称《计划》）。《计划》提出了发展农业生产的基本方针和任务，如1941年胶东的粮食生产量要增加30%，要提高农民觉悟，增强农民工作积极性，在农校小组会上讨论新民主主义论和改良农业的各种问题，比如防御水旱灾等问题。

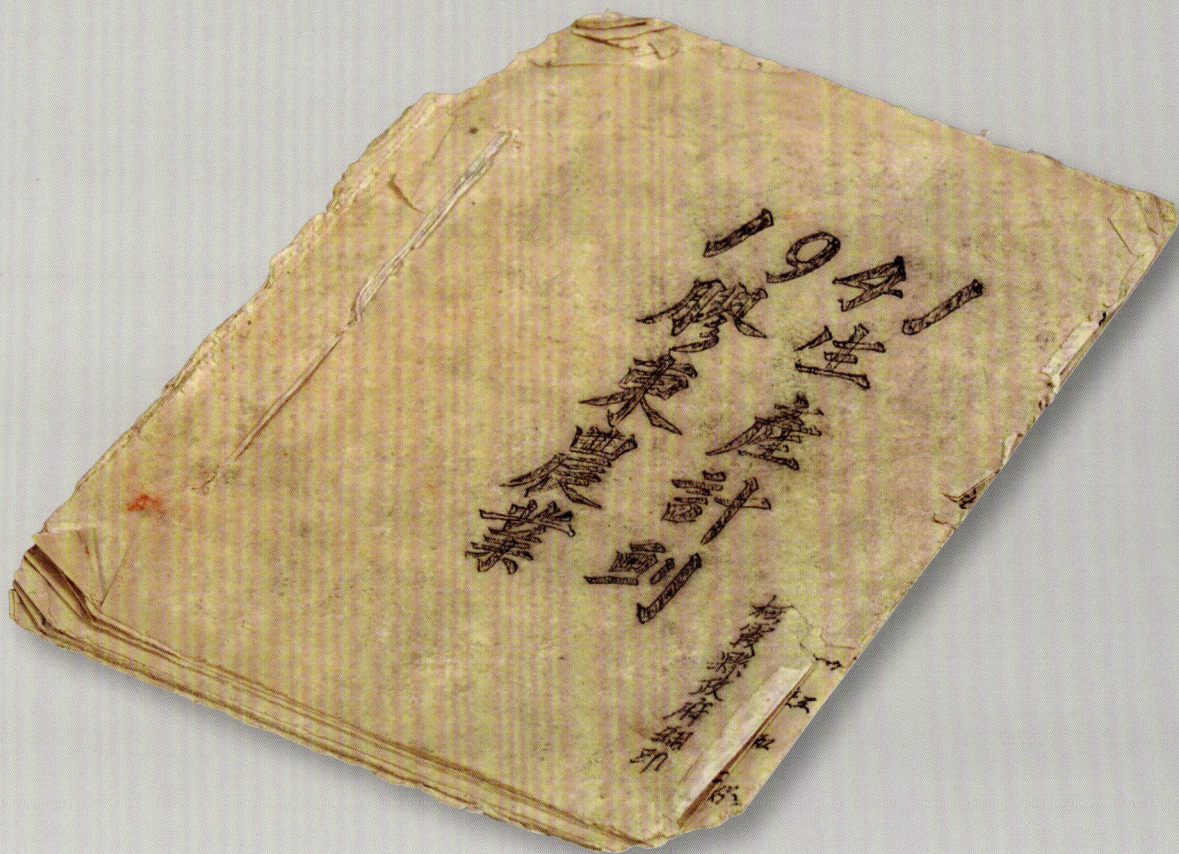

薛暮桥使用过的笔记本

1945年
山东博物馆藏

笔记本内文为手写。内页第1页有篆体朱文钤印"薛暮桥印"。

薛暮桥皖南事变后辗转来到山东抗日根据地从事经济工作。1945年12月22日，参加山东省召开的农林合作会时，薛暮桥用这本笔记本记录了山东各个解放区的农业、纺织等生产合作社情况和今后的发展工作意见。

清河军区北海印钞厂石印版

抗日战争时期
东营市垦利区博物馆（含渤海垦区革命纪念馆）藏

　　1988年《垦利县文化志》记载，该石印版为原石印局所用，主要是用于印刷报纸、刊物、文件、传单、北海币等。下镇乡（现永安镇）党员张相城捐赠。

北海银行清河分行的印钞机

🚩

北海银行冀鲁边支行石钞版

1942年
山东博物馆藏

　　钞版为石灰岩质，面呈浅褐色，质地细密，平滑如镜。钞版版面图案基本完好，正面共印有15张钱币，分为六排，每排两张钱币，其左侧印有一列三张钱币（图片为卧排）。这块湖景五角石钞版是北海银行冀鲁边印钞厂在抗战时期所使用，见证了北海银行冀鲁边分行的光辉历史。

　　抗日战争时期，胶东市场上充斥着各种大小银行发行的货币和商券，造成金融体系混乱，对百姓生活和抗战队伍的军需供应造成很大困扰，北海银行的创立在稳定根据地金融和保障军需供应方面发挥了重要作用。这块湖景五角石钞版是目前所知的北海银行留下的唯一的印钞版，弥足珍贵。

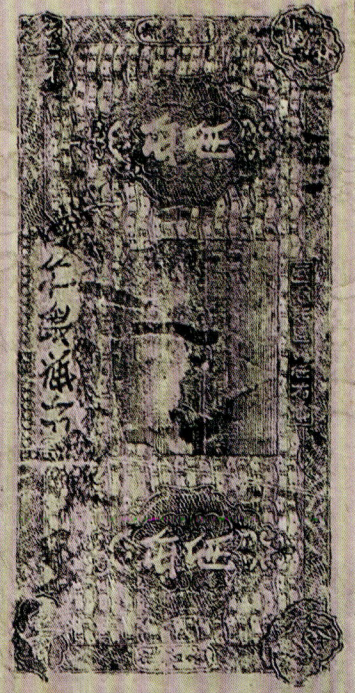

山东北海银行泰山区办事处的定期抵押放款借券

1942年
山东博物馆藏

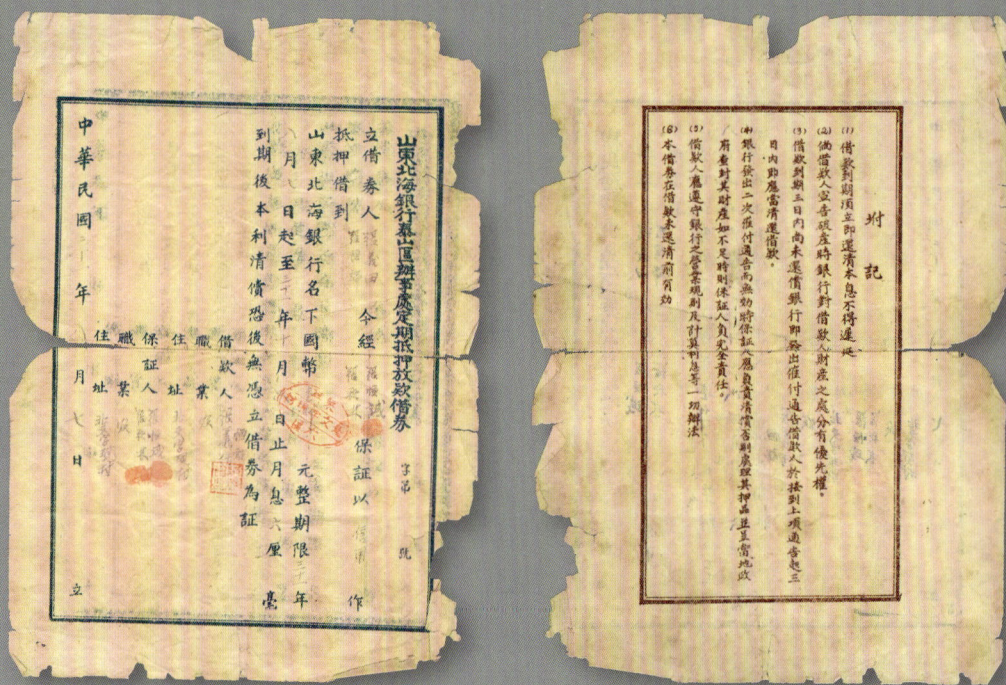

　　1942年8月7日，山东北海银行泰山区办事处开具的定期抵押放款借券，借款人张义田、张恒瑞，钤盖"莱芜六区北文字现村"印。山东抗日根据地的农业贷款，基本是由北海银行系统负责办理，都是低息或无息的小额贷款，主要是用来扶持贫困农民和帮助抗日军、工、烈属解决生产中的困难。自1942年起，农村贷款由北海银行统一办理，加强了贷款管理，贷款的数量增多，范围扩大。

　　北海银行在同敌人进行金融斗争中，逐步扩大金融业务，促进了抗日根据地的经济发展。借贷是银行的主要业务。贷款的重点是农业，其次是手工业，再次是合作贸易及信用贷款。1942年2月，为了帮助群众进行春耕生产，北海银行在鲁中、鲁南、胶东、清河各区分别开展贷款业务，总数达800万元。1943年，北海银行又发放春耕贷款580万。1942年底，北海银行还投资10万元，协助沂蒙和鲁南发展纺织业。总之，北海币（1938年10月北海币面市，11月北海银行在掖县正式宣布成立，1940年秋山东省战时工作推行委员会成立，将其收归省管，在全省各抗日根据地发行北海币，后成为抗日根据地的本位币）的用途越来越广，据统计，1943年北海币的用途是：农业贷款为25.41%，工业贷款为12.25%，合作贸易贷款为10.43%，信用贷款为6.52%，政府往来为14.39%，基金为12.52%，材料费为4.45%，损失费为2.25%，现存款为11.78%。北海银行业务的广泛开展，既便利了群众，又扶持了根据地工农业生产及商业贸易的发展，从而扩大了财政来源，支持了抗战。

山东北海银行泰山区办事处的
借款保证书

1942年
山东博物馆藏

　　1942年8月7日，借款人张恒瑞、张义田给山东北海银行泰山区办事处立的保证书。钤盖"莱芜六区北文字现村"印。北海银行在同敌伪进行金融斗争的同时，逐步扩大业务范围，开展了借贷、投资、储蓄、汇兑等工作。在银行业务上，借贷是其主要方面。山东省战时工作推行委员会成立之初，就提出"要举办低利贷款"，各地先后成立了贷款所。初期贷款主要是农业贷款，贷款的用途有救济性质的，也有生产性质的，对象多为贫民和抗属。1941年初，泰山成立低利贷款所5处，贷出4456元，使167户得到贷款，且大都是贫苦农民和抗属。贷款用在生产事业的建设上。

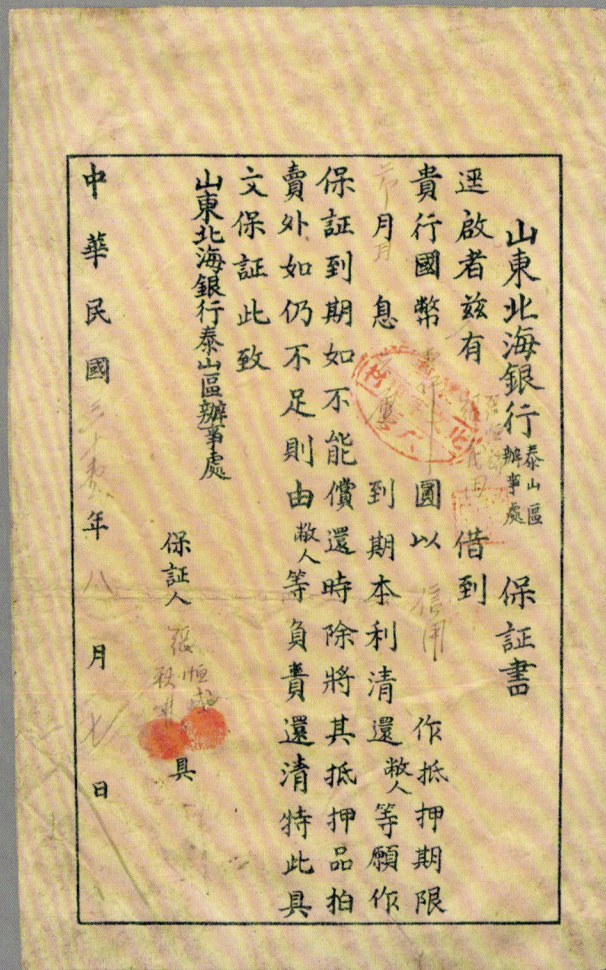

🚩

任正在北海银行使用的印钞裁刀

1939年
东营市历史博物馆藏

此裁刀为北海银行印钞工具，1939年任正在北海银行工作时曾使用此刀。

北海银行，是中国人民银行的三大奠基行之一，经历了抗日战争与解放战争两个历史时期。该行发行的北海币在抗日战争时期是山东革命根据地的主币，在解放战争时期成为山东解放区乃至华北、华中解放区的本位币，为保证战争胜利、推进全国货币金融统一立下了功劳，为中华人民共和国金融系统的建立奠定了重要基础。

抗日根据地使用的鲁西行署流通券壹角纸币

1939年
冀鲁豫边区革命纪念馆藏

1939年鲁西银行印制鲁西行署流通券壹角纸币。鲁西银行是边区政府领导下的金融机构，在保障边区经济稳定、物资供应等方面发挥了重要作用。

莱阳地方经济合作社流通券拾圆纸币

1942年
莱西市博物馆藏

　　正面蓝色，上方为楷体"莱阳地方经济合作社流通券"，左右两侧是红色编码，编码外加印有"建"字，右面是太和殿，左面花团上面为金额"拾圆"，下方是"中华民国三十一年印"。背面是红色，主图是太和殿，左右面花团上印阿拉伯数字"10"，下方是英文签名"proprietor manager"。

　　1939年，国民党政府财政部为限制法币从国统区流向沦陷区，准许战区各省印发地方券代替法币流通，用地方券抵制伪钞，防止敌伪套换法币赚取外汇。莱阳县开始印发莱阳县地方临时流通券。后随着青岛地区游击队军政费用短缺，印发莱阳地方经济合作社流通券。

印制鲁西钞票的压版石

1941年
冀鲁豫边区革命纪念馆藏

　　1941年印制鲁西钞票的压版石。鲁西银行由八路军一一五师供给部于1940年1月在山东东平筹建。1941年9月，鲁西行署区与冀鲁豫行署合并后，鲁西银行演变成为冀鲁豫行政公署的地方银行，为维护冀鲁豫边区金融秩序和物资流通发挥了重要作用。

庙门版清河北海银行壹圆券

1940年6月
山东博物馆藏

1940年6月清河北海银行成立后发行的北海币，编号119643。票版为1938年北海银行初创时的制版，当时由胶东区的掖县同裕堂印刷局代印。票面正面以掖县抗日民主政府院旧址庙门为主景，两侧加盖"清"字，即清河北海银行发行。1940年6月1日清河北海银行在寿光成立，发行加盖"清""清河"的币券，同时在临淄县的许家庄筹建清河印钞厂。1941年3月迁至博兴县，不久迁至广饶。1942年2月的"辛庄事件"（辛庄村村长叛变，印钞厂全部人员被俘）后，清河印钞厂又在垦利县惠鲁村重建，在极为困难的战争环境中陆续印制发行加盖"清河"的北海银行币。北海银行创建于全面抗战初期，经历了抗日战争与解放战争两个历史时期，其全部活动具有"战时金融"和"地方金融"的特点。该银行为山东革命根据地与解放区的经济建设，作出了卓越的贡献，在中国革命根据地货币史上占有重要的地位。

冀鲁豫边区机制卷烟印花税票

抗日战争时期
中国鲁锦博物馆藏

抗日战争时期冀鲁豫边区发行的机制卷烟印花税票。税票图案为中国古代衙门正堂"清如水，明似日"图案，太阳图案正中心印一"税"字，税票上方白文印字"晋鲁豫边区"、右边"机制"左边"卷烟"，8元面值，平版，黑色楷体改值"暂作拾贰圆"。一版24张，左下角缺一张。

冀鲁豫边区是抗日战争时期党领导的敌后抗日武装在河北、山东、河南三省交界地区创建的抗日根据地。1937年底至1938年春，中共河北省委和中共山东省委建立抗日武装，为建立该根据地奠定基础。1938年春，直南、豫北、鲁西南地方党组织，

建立了游击队，初步打开了冀鲁豫根据地的局面。1941年1月，冀鲁豫边区行政主任公署成立后，鲁西南地区的冀鲁豫抗日根据地初步形成。由于该地区烟草资源丰富，烟草工业的开展给边区带来丰厚经济效益。据《冀南银行》一书记载，仅1947年全区烟叶产量达1040多万斤，卷烟税收占各项总税收的9.4%、水旱烟占0.54%。卷烟税成为边区政府财政收入的重要来源。经考证，晋冀鲁豫边区对卷烟税的征收凭证方式，大致经过了采纳晋鲁豫边区税务总局"税戳"、边区工商管理总局"税签"、晋冀鲁豫边区所属各区（行署）印花税票三个阶段。

征收救国公粮收据

1941年
山东博物馆藏

　　泰山区行政专员公署签发，记录缴粮人中农张永祯上缴救国粮十九斤。1940年山东省战时工作推行委员会（简称省战工会）成立前，抗日武装力量与敌后工作者的粮食供应基本是当地自筹，没有全省统一的办法。1939年5月泰山专署（一专署）在泰山区成立，1940年春改建为泰山区行政专员公署，隶属省战工会。1940年省战工会和各地抗日民主政权相继成立后，具体的粮食供应制度开始出现，并不断完善。

　　冀鲁边区实行的三联单制度，使用时将收据联交村，存查联用粮单位保存，存根联交专署粮秣科或县粮秣科，事后由粮秣科负责与村核对，然后找用粮单位结算。这种制度虽改变了以前粮食供应上的混乱状况，但仍属"自筹粮"范畴。

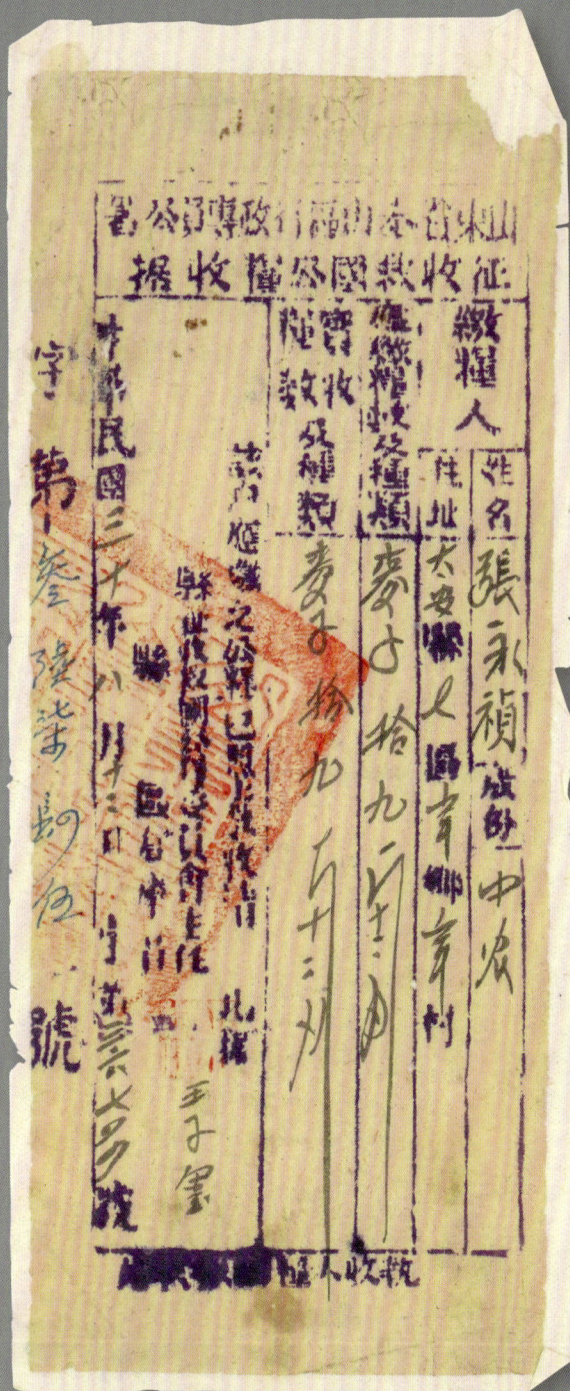

山东纵队兵工一厂生产的手榴弹

1938年
沂水县中共中央山东分局旧址藏

　　1938年5月，八路军总部要求各部队有计划地建设兵工厂，制造武器弹药。10月，党的六届六中全会，把建立必要的军火工业列为当前的紧急任务。12月，中共苏鲁豫皖边区省委由岸堤（今属沂南县）迁到王庄后，改边区省委为中共中央山东分局，同时成立八路军山东纵队。中共中央山东分局和纵队在沂水下桃峪村建立兵工厂，主要任务是修理枪械，生产子弹、手榴弹等。由于连年灾荒和战乱不断，根据地经济以农业为主，工业基础薄弱和物资相对匮乏。兵工厂制造弹药的生铁和火药，主要依靠当地广大农民群众提供。这枚手榴弹就是当时下桃峪村兵工厂生产的。1939年6月，兵工厂随八路军山东纵队转移。八路军山东纵队下桃峪村兵工厂是在艰苦卓绝的环境下创立的，为抗日根据地的兵工生产奠定了坚实基础。

1938年12月，八路军山东纵队兵工一厂创建。图为兵工一厂旧址（位于山东省淄博市沂源县南鲁山镇千人洞景区）。

清河军区兵工厂旧址保存的单打一手枪

抗日战争时期
东营市垦利区博物馆（含渤海垦区革命纪念馆）藏

　　清河军区兵工厂旧址保存的单打一手枪。垦区不但是抗日军民农业生产、粮食供应的可靠后方，同时还是部队军需产品的重要生产加工基地。1941年底，清河军区兵工厂由广北迁到垦区，后迁至黄河岸边杨家村。兵工厂下设手榴弹厂（也制地雷）、炮弹厂和修械厂。1943年兵工厂已发展到可自制迫击炮和迫击弹。后来又将迫击炮改造成平射炮，还发明了当时杀伤力较强的枪榴弹。

柳树头村民自制石地雷

1938年
沂水县中共中央山东分局旧址藏

　　1938年11月，中共苏鲁豫皖边区省委由岸堤（今属沂南县）迁到沂水王庄后，省委附属机关分驻在王庄、柳树头、下桃峪、葛沟、大战地等村。12月根据中共中央决定，边区省委改为中共中央山东分局，同时八路军山东纵队成立，纵队侦察连驻扎在柳树头村。八路军山东纵队在该村开办了爆破培训班，集中各支队和民兵爆破手参观学习，交流经验，提高了地雷的制造和使用技术，极大地增强了八路军和民兵队伍的战斗力。

《胶东牟海三区商业救国会
一、二、三月报告》

1942年
乳山市文物保护中心藏

刻版印刷，共12页。首页残缺，居中盖有红色的"东海区牟海商人抗日救国会第三区"印章，右侧用草纸拧线装订。报告从环境、工作作风与领导方式、工作概况、宣传工作、合作事宜、海外统战工作、总的工作检讨、经验教训这八个方面进行介绍陈述，全面总结了商业救国会现阶段存在的问题、取得的成绩、获得的经验与教训。

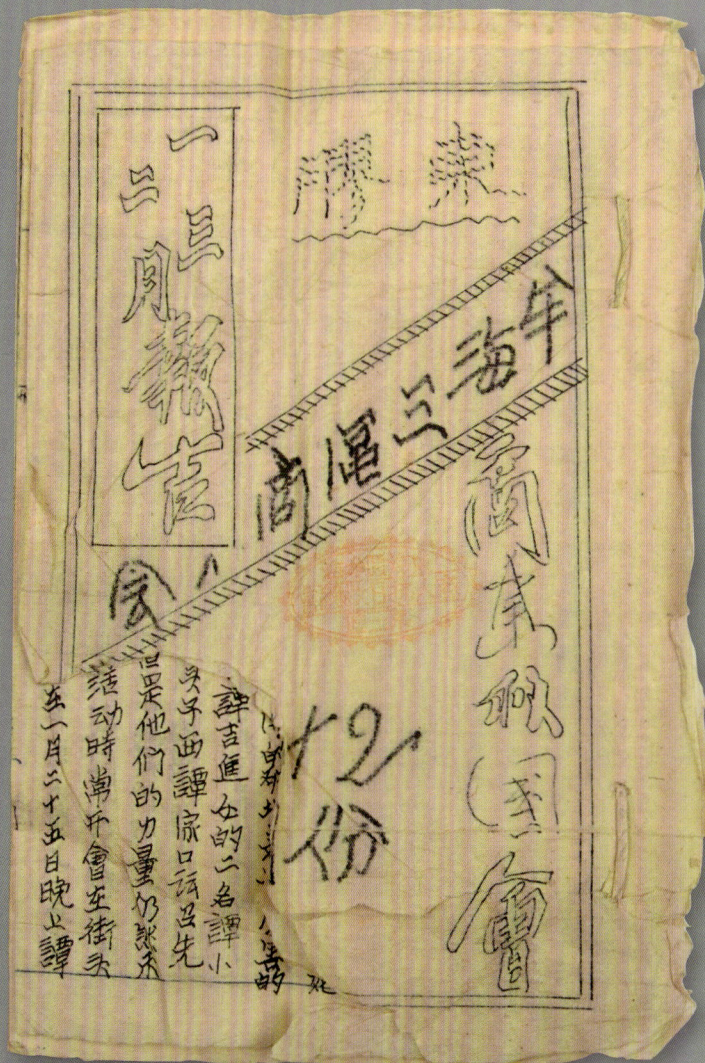

山东省胶东区行政公署公布
《胶东区征收田赋暂行办法》

1943年10月15日
山东博物馆藏

　　1943年10月15日，山东省胶东区行政公署公布《胶东区征收田赋暂行办法》。其中规定"凡办理土地登记的地区，均按土地平均产量计算征收粮食；未实行土地登记的地区，按地亩或银两征收粮食。革命政权占优势的游击区，减征三分之一；革命政权占劣势的游击区，征收粮食或北币，减征二分之一；敌占区一律征收北币，并减征三分之二"。胶东地区因田赋开征较早，当时根据地政权尚不太巩固，在方式上废除了乡约地保操纵征收与附征津贴费、粮串费，代之以村长征收。

　　胶东地区自1943年起，部分地区已按照土地多少累进征收。具体办法是按当地实际情况和土地的一般产量，将各农户所拥有的土地折合为标准中亩，然后按标准中亩的数量征收田赋。针对部分富裕户隐瞒土地、逃避和转嫁负担的不合理现象，各地还进行了重新丈量和登记土地。主要做法是，发动有赋无地的农户自行报告，根据钱银追查地亩所在，然后把钱粮过渡给有地无赋的农户。有地者缴赋，无地者豁免。胶东区行政公署正确执行党的政策法令，贯彻执行减租减息政策及解决土地纠纷，纠正"左"右两种偏向，保证了双减运动的深入发展。

膠東區征收田賦暫行辦法（廿三年十月公布）

一、為收保抗日經費，和謀對敵鬥爭，及整理賦政，合理負擔，特根據山東省戰時行政委員會指示，及膠東區情形，制定本辦法。

二、凡辦理土地登記地區之田賦，均按各級土地分批產量計算征收。

三、凡稅後根食列在征收以內之土地，對同一級以下之土地，山嵐、草場、荒田、荒地、河灘為特種地，石小沙洲、河流、溝渠、河壩、港灣、水溝等，按地畝擔負。

四、根據土地質之肥瘦及人民生活，或需商情，按地收擔負。（代政之本位一級農縣收一律以收農食糧計）

五、主根據征收根食之農縣，均按地收擔負，依行政區優與與擔負之依時評訂，限期內繳納，依時收繳按下列標準減征之。

六、甲、我寶區這教行沈寶區收負田減征三分之一。

乙、我佔優勢沈寶區田賦減征二分之一。

丙、敵我田賦減征三分之二。

七、（免征條）開墾之荒地，免征田賦三年，一俟他章刊上說此刻定水回需批行。

八、（征收田賦）凡軍屬地、烈屬地，由縣地主所在縣村小組減免。

九、學田、祭田一律照收田賦。

十、田賦概由土地所有者負擔，租佃棉花地，均由地主負擔。

山东省胶东区行政公署印发
《胶东区征收救国公粮暂行办法补充办法》

1943年10月15日
山东博物馆藏

　　《胶东区征收救国公粮暂行办法补充办法》由山东省胶东区行政公署于1943年10月15日印发。救国公粮是抗日民主政权向农业经营者征收的农业收益税。救国公粮的征收是伴随着抗日政权的建立和巩固逐渐完善起来的。随着抗日武装力量的不断壮大、抗日民主政权逐步建立，粮食需求日渐增加，负担不平衡的问题越来越突出。为了适应新形势，各地相继开始征收救国公粮，统一实行公平负担。

　　征收救国公粮，是抗日战争时期财经工作中的重要任务。征粮办法的不断改进与完善，刺激了农业生产的发展，使各阶层群众的负担逐步趋向合理并有所减轻。1943年6月15日，胶东区公布《征收救国公粮暂行办法》；7月19日，胶东区行政公署又作出《关于征粮问题的说明与决定》，主要是对人口计算及特殊情况作了明确的界定说明：公粮分夏秋两季征收，人口也分夏秋两季计算。10月15日，胶东区行政公署发出《胶东区征收救国公粮暂行办法补充办法》，主要是对前发暂行办法中未曾列入的山岚草场应负担公粮的征收办法加以规定。1944年6月1日，胶东区又做出《胶东区征收救国公粮征收田赋暂行办法修正与补充决定》。1944年10月1日，胶东区做出《胶东区三十三年秋期公粮、下期田赋征收决定》，对原征收办法作了部分修正和补充。

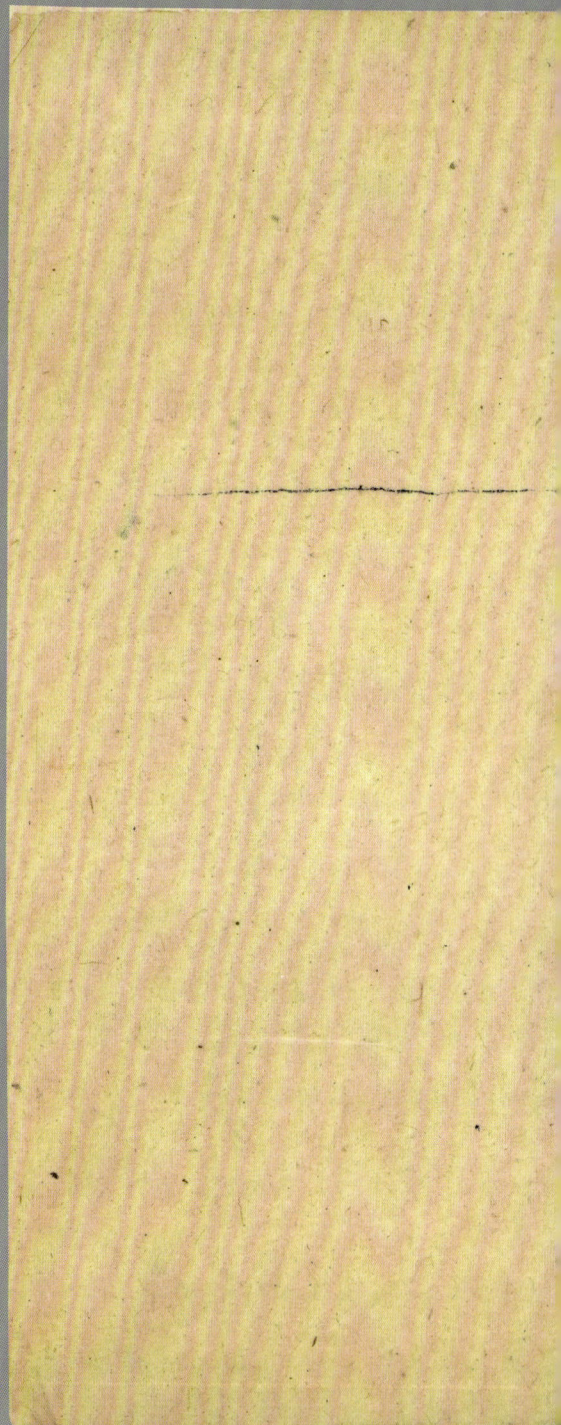

膠東小區征收牧國公粮暫行辦法補充辦法 三十二年十月二十五日公布

一、采列入土地等級的山嵐草坊應負擔之公粮依照本辦法征收之。

二、山嵐草坊之收入，係指柴草薪水作本越草河柳與其他較大之類似。

三、山嵐草坊之收入，以歷年柴草薪水均收入計算，由住戶自報，由村評議……

四、一切新寨山嵐……防災慈善之事項……議委員會討論議決後……以村行政委員公審核決定之。

五、商防蘆草坊之收入。

六、山嵐草坊之收入，依本辦法扣除其勞動力負擔。

1. 凡已健工服役者，先主收入，計算其勞動力負擔，不其擔。

2. 購與柴的柴草者，半年均收入十分之一計算其勞動力計算多少均除二分之一，扣除三分之……此類柴草辦法計算其……每戶採收……

3. 每年之柴草收入，撰山上二款計算減粮……每戶每減二升斤，以資……澳頻。對餘粮幹糧當地慣折合粮食，加入全年粮食總收入內計算。

七、依前條一、二款之規定，已扣除勞動力，收其折合之粮食，不再減百分之二十。

八、本辦法經膠東參議會討輪通過公佈施行。

163

山东省胶东区行政公署印发
《胶东区卅二年下期田赋征收数目决定》

1943年
山东博物馆藏

六各户应纳的钱兵粮，其得绕数後，「粮」算到「两」为止，「钱」算到「分」为止，两分以下的数按四舍五入計算。

膠東區卅一年下期田賦征收數目決定

一、行政區一律實行土地登記，每畝征收粮食數目如下：

特種地每畝二兩。
一級地每畝一斤三兩二錢。
二級地每畝一斤十二兩八錢。
三級地每畝二斤六兩四錢。
四級地每畝三斤。
五級地每畝三斤九兩六錢。
六級地每畝四斤二兩八錢。
七級地每畝四斤九兩六錢。
八級地每畝五斤六兩四錢。
九級地每畝五斤十四兩。
十級地每畝七斤十三兩二錢。
十一級地每畝八斤十三兩四錢。
十二級地每畝七斤十二兩八錢。
十三級地每畝九斤。
十四級地每畝九斤十五兩二錢。
十五級地每畝八斤四兩二錢。
十六級地每畝十三斤五兩六錢。
十七級地每畝十四斤十四兩二錢。

二、我佔優勢游擊區，亦一律實行土地登記，減征三分之一以後，每畝實征粮食數目如下：

特種地每畝一兩三錢五分。
一級地每畝十二兩八錢。
二級地每畝一斤三兩二錢。
三級地每畝二兩四錢。
四級地每畝二斤六兩四錢。
五級地每畝三斤二兩四錢。
六級地每畝三兩。
七級地每畝二兩八錢。
八級地每畝四斤四兩。
九級地每畝六兩四錢。
十一級地每畝九兩六錢。
十三級地每畝八斤四兩。
十五級地每畝四斤十一兩二錢。
十七級地每畝五斤十四兩四兩二錢。

三、敵佔為游擊區，未實行土地登記，按地畝或銀兩收錢，或收粮食，減征止海鈔七十五元，或征止海鈔一元八角七分。每一由縣政府

（按地畝或銀兩收錢，或收粮食，減征：
十二級地每畝六斤八兩，或二兩四錢。
十四級地每畝七斤十一兩一錢六錢。
十五級地每畝八斤四兩八兩四錢八錢。
十六級地每畝九斤八兩八錢。
十七級地每畝七斤十一兩十四兩四錢二錢。）

（二分之一以後，每畝實征粮食五十斤，或收止海鈔七十五元，或收粮一斤四兩，或征止海鈔七十五元。共收粮或收錢一元八角七分。由縣政府）

山东省胶东区行政公署公布
《胶东区三十三年秋期公粮、下期田赋征收决定》

1944年
山东博物馆藏

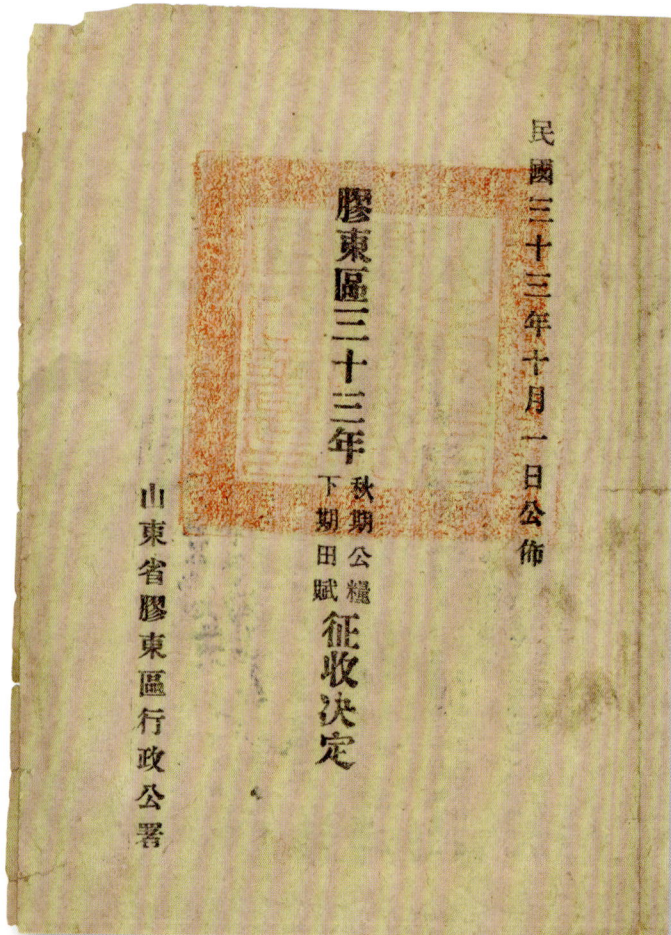

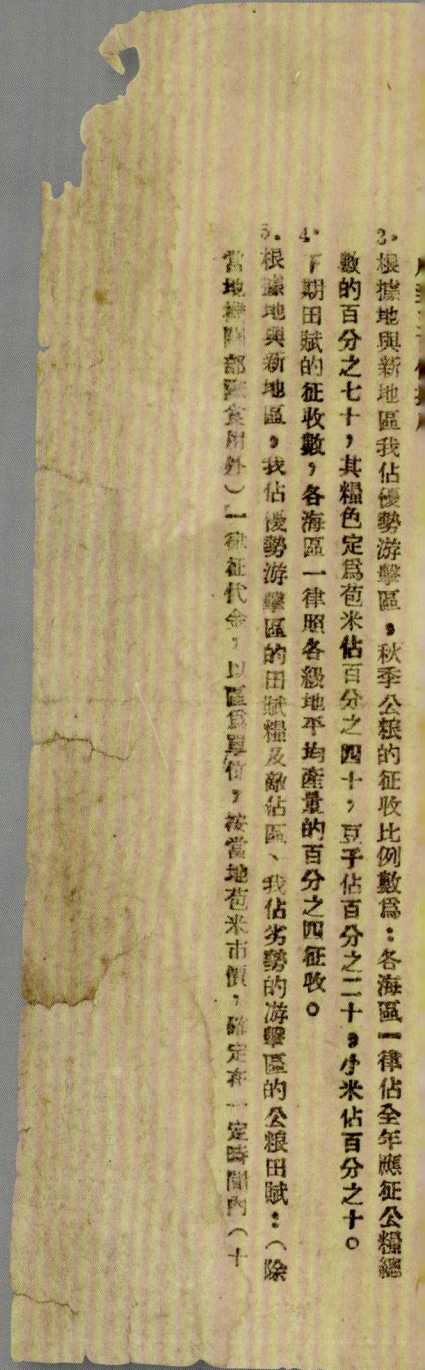

膠東區三十三年

秋期公糧
下期田賦

征收決定

民國三十三年十月一日公佈

山東省膠東區行政公署

3、據據地與新地區我佔優勢游擊區，秋季公粮的徵收比例數爲：各海區一律佔全年應徵公糧總數的百分之七十，其粮色定爲苞米佔百分之四十，豆子佔百分之二十，小米佔百分之十。

4、下期田賦的徵收數，各海區一律照各級地平均產量的百分之四徵收。

5、根據地與新地區，我佔優勢游擊區的田賦糧及敵佔區、我佔劣勢的游擊區的公粮田賦：（除當地糧閒都應交附外）一秋征代金，以區爲算位，按當地苞米市價，確定在一定時間內（十

膠東區三十三年秋期公糧下期田賦征收決定

十月一日公佈

一、三十三年秋期公糧與下期田賦之征收，仍按三十二年下半年秋征時的辦法，及三十三年六月一日公佈之膠東區徵收田賦實行辦法修正與補充決定辦理。但為便之更加合理，決定將加修正與補充如下：

1. 關於租佃土地的負擔，原辦法第九條為：「……租佃土地者並先與除塊租，地主出租之土地，按其地租收入計算負擔」，改為：一、……租佃土地者不分租額多少，主佃雙方按平均產量二分之一計算負擔」。

2. 關於分種地的負擔，過去沒有規定，現補充為：「分種地畝量改為定租制，如因特種原因要方同意繼續分種者，其公糧負擔，按平均產量百分之七十歸地主負擔，百分之三十歸耕種者負擔；但貧苦缺寮孤獈無分種者，應由雙方協商擔負之」。

3. 關於獎勵用水澆地的辦法修正為：「凡用水經常澆地每畝（不足畝者按分計算）減該地平均產量十斤計算負擔，但自公佈開始水利之後，澆地確實增產，或保證旱災時產量不減低，確有成績者為限。農業合作社內獎勵用水澆地所減的糧食歸社所有，分配將按該社一般增產有成績者為限。農業合作社內獎勵用水澆地所減的糧食歸社所有，分配將按該社一般增產有成績者為限。

4. 確定：「特種地分為三等定產糧計算負擔田賦，產量不足十斤之耕地與較差的山嵐、草場、畜牧場，每官畝平均產量七斤；產量十斤以上不足三十斤之耕地與較好的柞嵐、松嵐、草場、鹽田、宅地、場園、草園、操場、廟宇，每官畝平均產量十五斤；石山、沙灘、河流、溝渠、河泉、港灘、水灣、土場、礦洞均不定產量亦不負擔田賦」。

5. 原辦法：「新開墾之荒地三年內不負擔」改為：「五年內不負擔」。

6. 新地區亦使用新辦法的名稱，改稱為上中下等地。

分紅比例分配之。」

二、秋征的減免比例：

1. 新地區亦使用新辦法，秋期負擔的減征，仍按參期減征原則執行。其被敵偽破壞，或受戰爭影響，災情重大者，可依實際情況再減，由縣政府提出意見，呈請專署批准執行。具體規定：

山东省胶东区行政公署印发
《征收秋期公粮、下期田赋征收决定的
补充决定》

1944年
山东博物馆藏

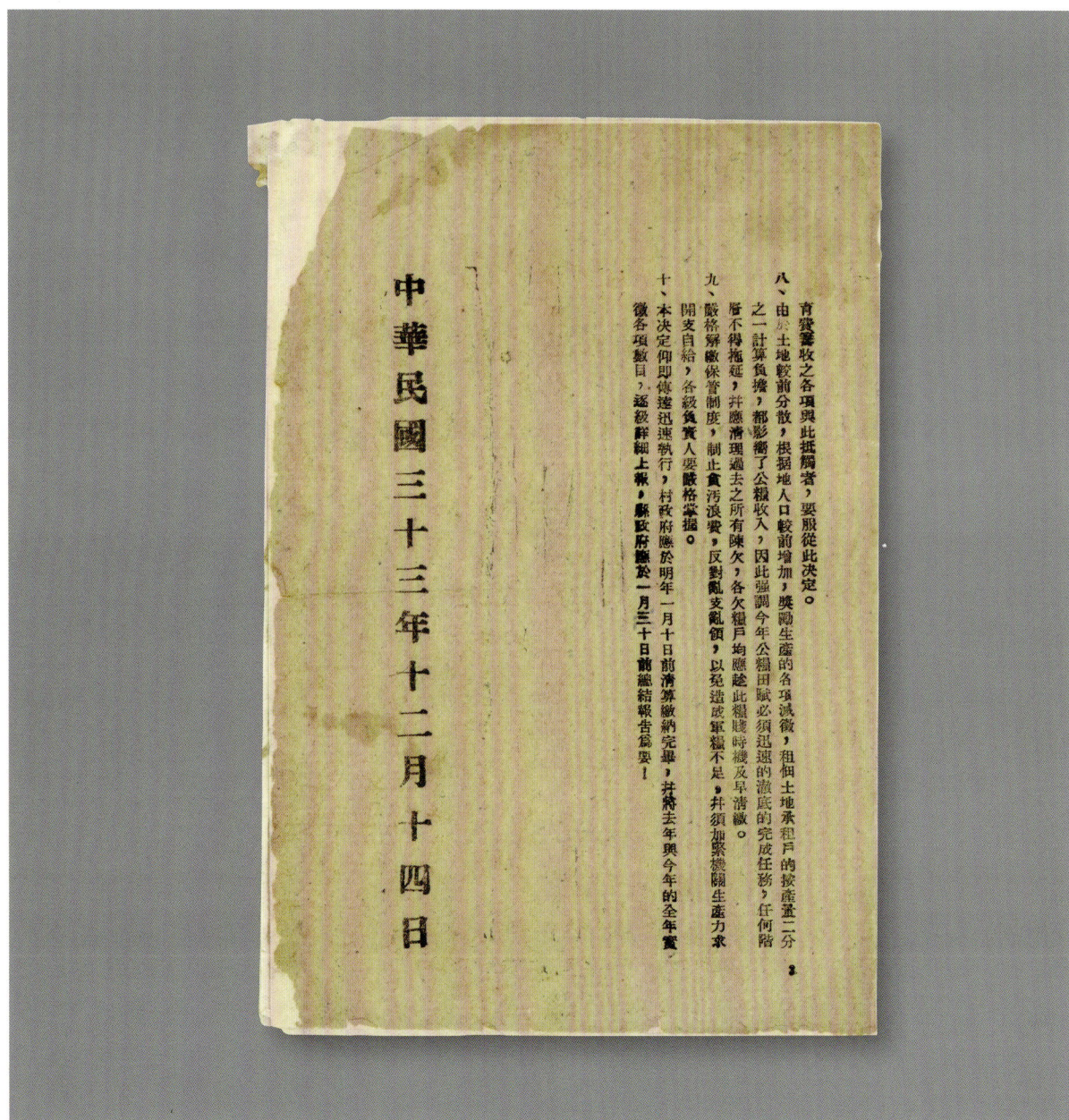

中華民國三十三年十二月十四日

青裝審收之各項與此抵觸者，要服從此決定。

八、由於土地較前分散，根據地人口較前增加，獎勵生產的各項減徵，租佃土地承租戶的按產量二分之一計算負擔，都影響了公糧收入，因此強調今年公糧田賦必須迅速的澈底的完成任務，任何階層不得拖延，并應清理過去之所有陳欠，各欠糧戶均應趁此糧賤時機及早清繳。

九、嚴格解繳保管制度，制止食污浪費，反對亂支亂領，以免造成軍糧不足，并須加緊機關生產力求開支自給，各級負責人要嚴格掌握。

十、本決定仰即傳達迅速執行，村秋府應於明年一月十日前清算繳納完畢，并將去年與今年的全年實徵各項數目，逐級詳細上報，縣政府應於一月三十日前總結報告寫要！

征收秋期公糧下期田賦征收決定的補充決定

一、租佃土地主佃變方各半負擔後，由於整個征收辦法，尤其是黑道率沒有變動，而使地主負擔過重，現在為保證農民減租應得利益，決定承租戶負擔，按其承租地之平均產量的二分之一計算負擔，但為了照顧地主的收入與生活。

二、照顧貧苦抗屬及綠纂孤獨生活辦法，各地遵照綠纂辦法，在原征糧辦法與三十三年六月一日公布之補充辦法均已有規定。但據反映，各地遵照沒有很好執行，致在照糧上表現了不夠，特再申以前辦法，凡貧苦抗屬及綠纂孤獨（每人每年平均減五十斤至一百斤計算負擔，其深入經營土地者不得扣除工資計算負擔（每人每年平均產量四〇一斤至五五〇斤者）如保僱人經營者，扣除工資三分之二計算負擔，遵辦法須深入檢查，認實執行。

一、今秋的整理土地等級，偶不夠徹底與普遍，其且地段的靠背，一般的是提高了，而負擔辦法沒有改變，若按斷穀徵收，負擔必然加重，而更火弊，是要嚴苛不普遍。因此決定今年的徵收，仍按實等級計算徵收。一的土地繳，獨失升斗高奇低，經整理後較前合理，人民要求按新等級計算徵收者，即按新等級計算徵收。

一、新地區已實行土地登記，影響到一定田賦的，在人民認為合理，多數的要求下，可按照新辦法執行，實徹政策。

五、匿報黑地是非法的行為，各級要切實執行前者，抓緊反黑地工作，徹底檢查地畝，按畝丈量，務求符合實際，凡查出的黑地，不論是自耕或掃售者，均應按實際地畝數計算徵收不得因循，但關於黑地的辦則又決定本寬大原則，予退還者以自省機會，憑底自報，此次不予處罰，仍各級抓緊動員為使黑地消除，如此次再不自報，安心長期隱匿，以後如果發現定予嚴辦。

六、在本決定未下達前，未照本決定辦法計算徵收者，應即依本辦法計算負擔，但計算時應分別清楚，麥期與秋期辦法的不同，麥期依麥租辦法之百分之三十小麥承租戶按平均產量抵算，秋期應依秋糧之百分之七十的秋糧（不論麥期減徵者秋期一律徵收百分之七十—見秋期決定）麥期多徵的小麥，在秋期要抵算之，若秋期在本決定未接到前多徵者，無論交庫未交庫，計算後應一律扣留，亦不得抵算其他任何任務。

七、小學教育民辦後教育款由村自籌（中小在內），教育款運由村負擔過重，影響人民負擔過重，現在決定辦法：教育款運與不得超過全村負擔，其標準因原定數目殷大，其所需經常辦公用費，依田賦徵收辦法籌辦，一律認畝的發還到戶，不得扣留，影響到一定田賦的，在人民認為合理，多數的要求下，可按照新辦法執行，實徹政策。

徵收，土地登記一時難求徹底與合理的情形下，可仍按三等地區逐漸辦法徵收之。

濠公糧公柴數的百分之十，其必須超過而村中仍有負擔能力者，經縣政府批准，可再自籌，但不得超過全村負擔田賦數的百分之二十，特殊者力再自籌者是縣政府公助之，但公助數目不得超過其需要的各項開支〇十一月六日公布之財教字十一號訓令關於教，特殊補助之，再不足者，應從生產節約方面解決之。

　　山东省胶东区行政公署于1943、1944年分别印发公布的田赋征收的相关决定，是胶东区粮食统筹的指导政策，办法周密，原则把握比较正确，合于"公平负担"和"奖励生产"两个原则。

为了减轻群众负担，八路军某部自己开荒种地。

胶东联合社翻印《敌后抗日根据地财政经济政策》

1943年
山东博物馆藏

《敌后抗日根据地财政经济政策》是抗战时期党中央成立的财政政策委员会1943年讨论通过的，胶东联合社翻印。

为及时彻底消除我敌后抗日根据地经济政策方面的不利因素，党中央根据情况适时地作出了一系列的财政经济政策的调整，并于1941年3月由中共中央财政部拟写了《敌后抗日根据地财政经济政策（草案）》，以进一步完善和改进根据地经济政策。原文主要内容包含：敌后抗日根据地财政经济的基本方针、抗日根据地财政经济政策的基本任务、财政经济实施纲要。

财政经济政策为根据地经济发展提供了有力的保障，历史实践证明我党制定的一系列敌后根据地经济政策是积极有效的，在抗战的时局环境下，依然能够发展抗日根据地经济，进一步完善和改进了根据地经济政策，为根据地的经济发展提供了有力的保障。该政策的内容覆盖面广，涵盖国民经济各领域，包括根据地经济的施政方针和施政纲领，宏观经济政策包括财政政策、货币政策、税收政策等，此外还有微观经济的具体政策，包括农业、工业、商业、交通业等各方面，且政策措施进一步细化，具有很强的操作性。

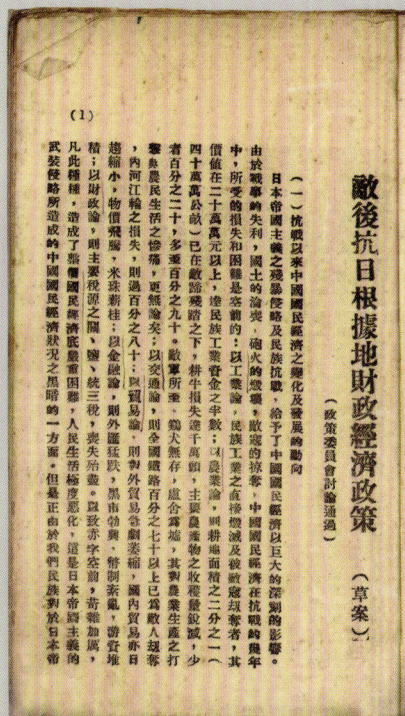

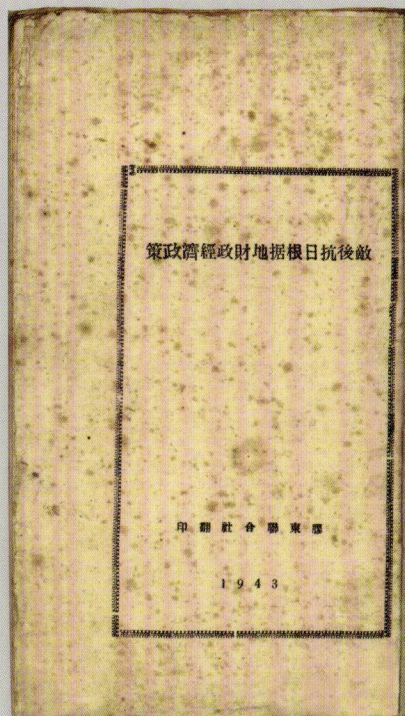

《区党委关于春耕宣传鼓动
工作的指示 》

1943年
山东博物馆藏

　　1943年是抗战时期积蓄力量争取反攻的一年，但在财政经济方面遭到日、伪摧毁根据地建设、实行经济封锁，仍有困难。在此背景下，中共中央山东分局第三区党委于1943年2月20日对春耕宣传鼓动工作作出重要指示，总体要求是根据地内农业生产品要做到自给自足，生活作战等必需品20%靠本区生产，80%靠其他地区输入，以粉碎敌人的经济封锁，完成经济建设，繁荣根据地的经济。此本册子中还包含孙加诺《支部怎样领导春耕工作》、方明《党员干部都要积极来参加》、宋醒鲁《春耕中地主与租户关系的调整问题》等一系列文章。

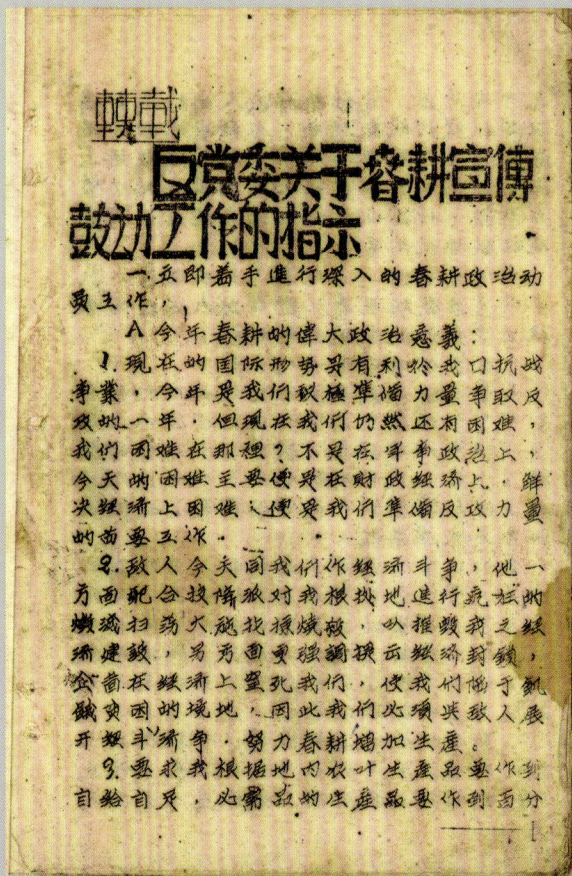

清河军区被服厂（皮革分厂）
生产的文件包

抗日战争时期
东营市垦利区博物馆（含渤海垦区革命纪念馆）藏

清河军区被服厂生产的军服

抗日战争时期

东营市垦利区博物馆（含渤海垦区革命纪念馆）藏

清河军区后勤部被服厂原驻垦区刘家屋子村，后迁至十四村，工人最多时达200多人，缝纫机几十台，布匹和棉絮由清河行署供应，染、裁、缝制由被服厂完成。分设有染布、缝纫、皮革三个分厂，主要是为部队生产军装、弹夹、枪套和鞍具等。被服厂和人民群众患难与共、亲如一家。到抗战胜利前夕，渤海军区及各军分区已建立被服厂、鞋厂、毛巾厂等军需生产单位15个，职工1860人，生产质量和生产能力都有了大幅度的提高。

被服厂为前方战士赶做军鞋

韩秀贞

1918—1998

山东博兴人，1941年加入中国共产党。1942年组织妇女成立了全县第一个纺织互助组，纺线织布，做军鞋、裹腿、子弹袋等军用品，倾力供应前线抗日部队。1942年韩秀贞被评为纺织模范，获一等奖；1945年12月16日，全县召开群英大会，韩秀贞被评为劳动英雄，12月24日出席了中共渤海区党委召开的劳模大会。1947年中共渤海区党委任命韩秀贞为博兴县陈户区副区长，是渤海区成立以来的第一位女副区长。1948年至1951年任铁道部济南铁路局工会副科长、女工部部长，作为华东地区代表出席了在北京召开的中国妇女第一次全国代表大会。

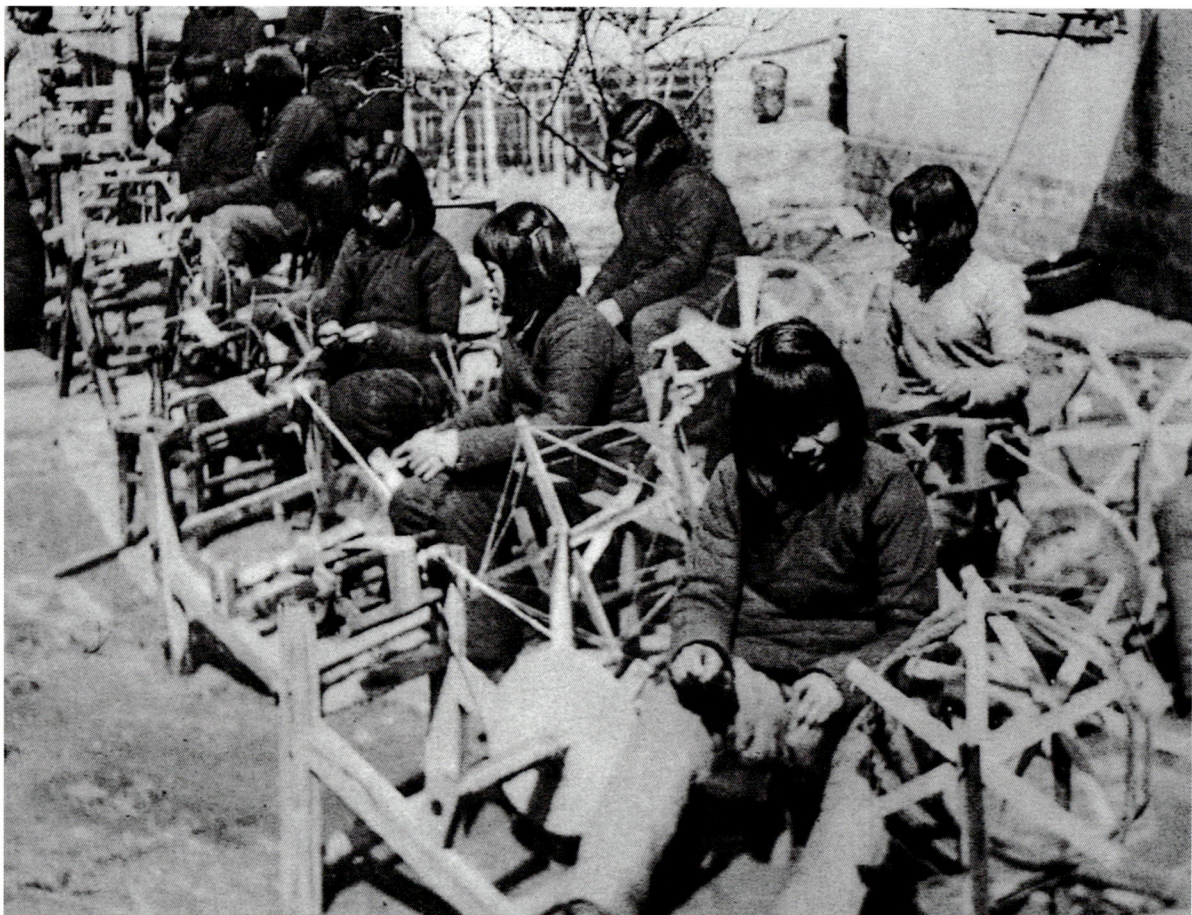

根据地妇女群众为前线纺线织布

渤海军区奖励韩秀贞的木纺车

1942年
博兴县博物馆藏

　　木质纺车，1942年渤海军区奖励韩秀贞的奖品。

鲁西北抗联分会印
《白庄合作社初步总结》

1944年
山东博物馆藏

　　鲁西北抗联分会印《白庄合作社初步总结》，
共计六个部分，对白庄的基本情况、白庄合作社发
展背景、组织概况、领导与活动情形、账目与红利
分配等做了详细介绍。该合作社的组织形式包括合
作社委员会、代表委员会、社员大会、小组会，各
组织有不同职权，以保证全体社员权利平等。白庄
合作社缓和了贫富矛盾。

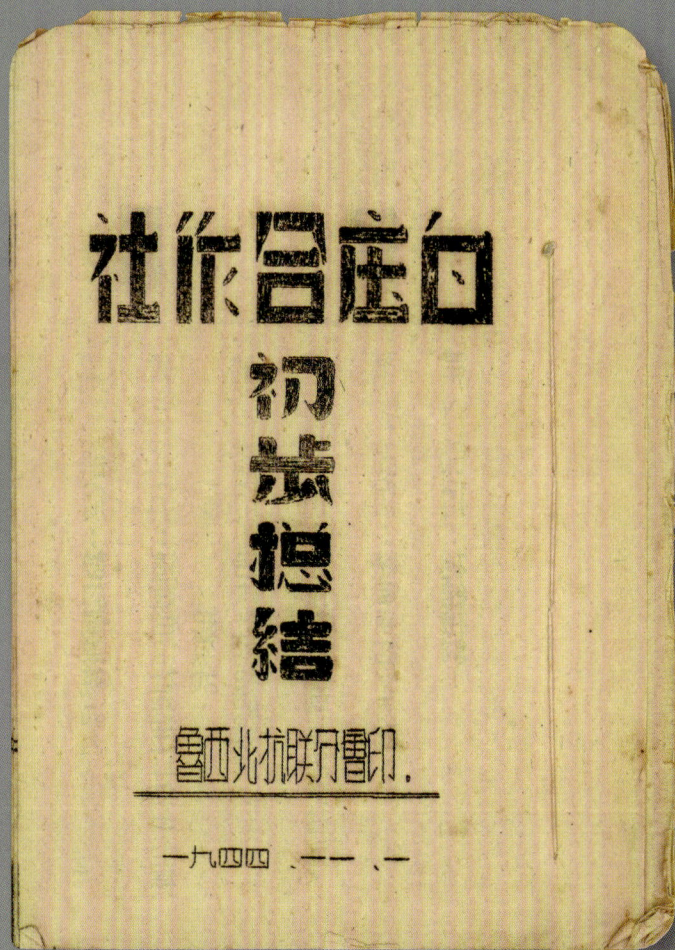

山东省胶东区行政公署印发《胶东区战时支差雇差暂行办法、整理村财政暂行办法、筹收与使用铺草暂行办法、战时借用物品偿还券发行办法》

1944年
山东博物馆藏

山东省胶东区行政公署印发的文件合集。1944年10月10日，胶东行署作出节约民力、财力的规定，向全区公布《胶东区战时支差雇差暂行办法》和《胶东区战时借用物品偿还券发行办法》等文件，对支差制度、支差手续和公平合理的差价及借用物品的偿还作出具体规定。

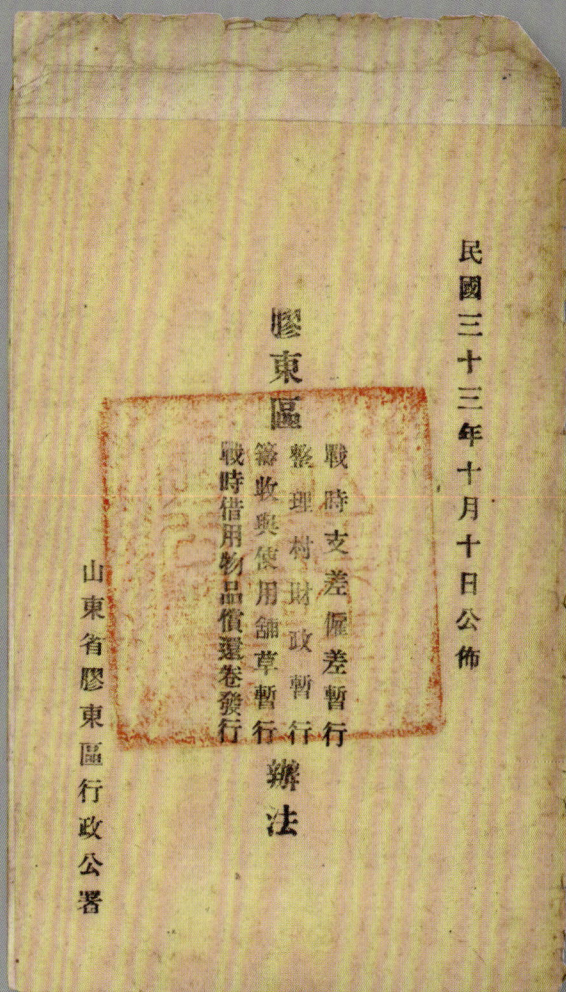

山东省胶东区行政公署发行
胶东区战时借用物品偿还券

1944年
烟台市博物馆藏

1944年山东省胶东区行政公署发行的胶东区战时借用物品偿还券，一张粮票苞米拾斤，分五期偿还，每期贰斤。

抗日战争时期，日、伪军连续对解放区进行了残酷的经济封锁和拉网大"扫荡"，胶东抗日根据地经济困难加剧，资金缺乏。为坚持抗战，胶东抗日根据地不得不向农民群众借粮、借物救急。胶东区行政公署于1944年特印"借物偿还券"，以公债方式向老百姓借用粮食和其他日用物资。

胶东区粗粮票

1945年
烟台市博物馆藏

1945年抗日战争胜利以后，山东主战场的各区已经基本无粮，严峻的形势迫切需要实施合理的粮食分配制度。粮票的使用统一了收支，节约了粮食，很好地保证了战时粮食的供给。此粗粮票规定"只准部队及机关工作人员使用，不准其他人使用。不准随便乱换物品，更不准当作货币流通买卖。村政府可按月汇集，持票到粮库清算领粮发还民户，但不准以此粮票交征收任务"。此票无论平时还是战时，一律通用。

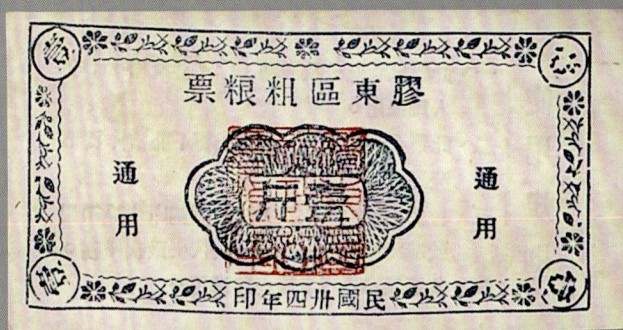

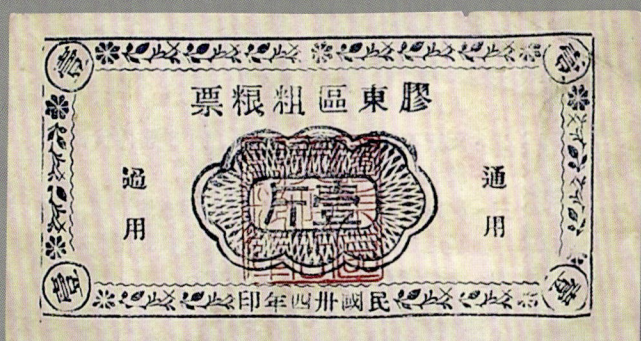

胶东区行政公署印发的供给证

1945年
烟台市博物馆藏

　　胶东区行政公署统一印制的4折式供给证，该证为1945年使用。正反共有6个页面。封面、封底、"说明"、"津贴"、"被服"、"鞋袜与一般物品"各占1页。此证为各级政府人员领取一切供给与个人生产节约的交工凭证，需由本人保存，不准转借他人，如无此证者即停发此供给。领取供给或生产节约交公时，须于此证内分别填明。此证以一年为限，如有遗失须立即报所属供给机关核查，并由该部门负责人证明登记后，另行补发。被服凡尚未穿与用到供给标准所规定年限者，每至年终必须如数转移到次年供给证之被服栏内。

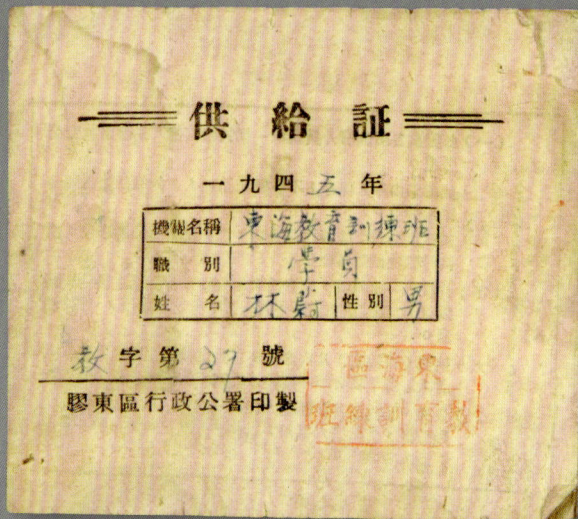

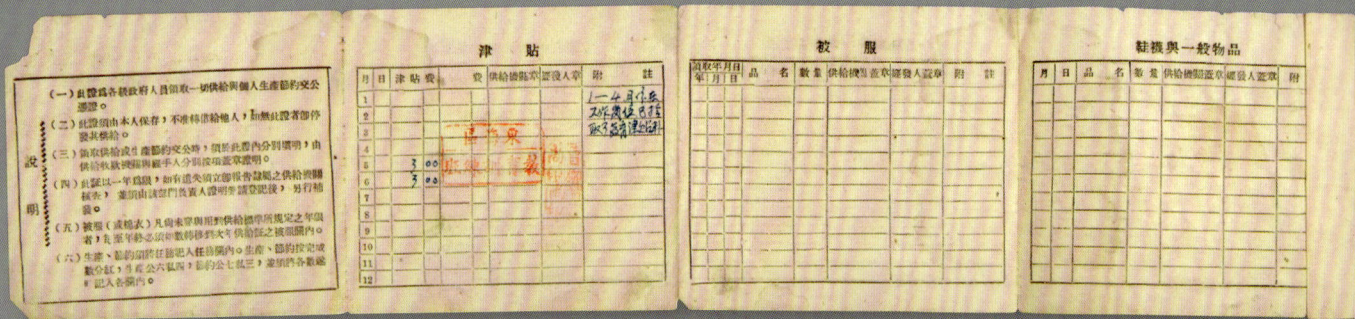

胶东区工商管理局海莱县局签发的
李锡彦的商人登记证

1944年
山东博物馆藏

　　李锡彦的商人登记证于1944年10月1日签
发，分正反两面，中间折页，正面为封面和封
底，反面为商人登记的详细内容，包括姓名、
商号、性别、年龄、籍贯、教育程度、职责、
营业性质（主业、副业）等。另附商人须知，
要求商人持证经营交易，证件有效期一年，不
得转借他人，改做他业须立即交回。证件上盖
有胶东区工商管理局海莱县局长和监委的印
章。由此可见，抗日民主政府在规范商人经营
方面，工作做得比较细致。

　　1943年12月，胶东区撤销各级贸易公司，
设胶东区工商管理局（驻栖霞县桃村）分管商
业，辖东海、西海、北海分局及海莱、栖福牟
县局，对贸易、纺织、合作社、税务等，实行
统一领导和管理，动员停业商号继续营业，扶
持中小商业者，活跃抗日根据地的商品流通，
颁布实施商人登记管理办法，开展打击走私活
动，严禁根据地必需物资流往敌占区，严防敌
占区的奢侈品进入根据地。

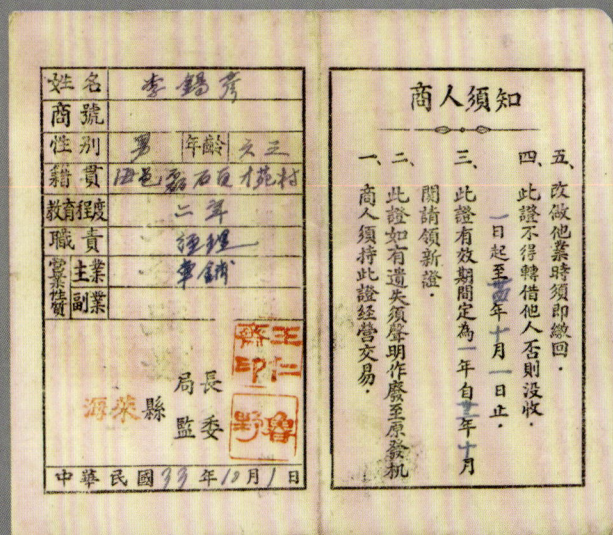

海阳县南庄村南庄合作社社员
李广同的股票

1944年
山东博物馆藏

　　李广同的股票分正反两面，中间折页。封面为章程摘要；封底为股票使用法，约定了股票为记名式，股票转让必须经过本社理事会同意作为旧社员入股，另换新股票，股票不准抵押借款。折页内为股票正文，海阳县南庄村南庄合作社于1944年8月20日填发，详细记录了李广同的入股日期、入股款数，并盖有常务理事和会计的印章。抗日战争时期根据地的生产合作社数量迅速增多，中共中央和各抗日根据地均制定了合作社章程和条例等规章，对股票发行作出了规定。

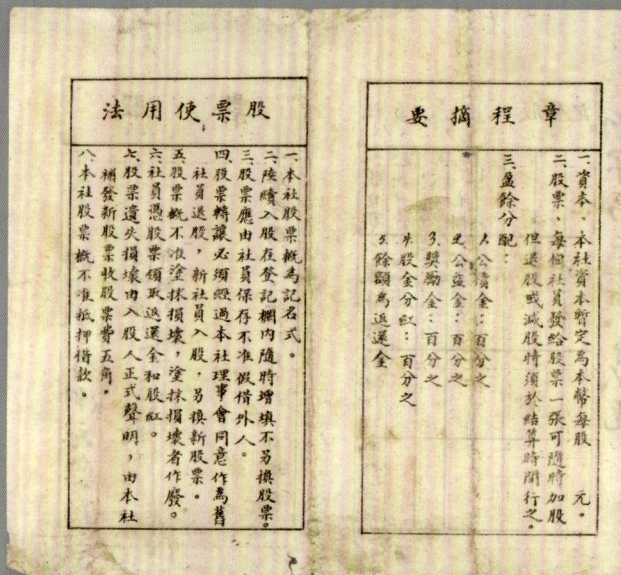

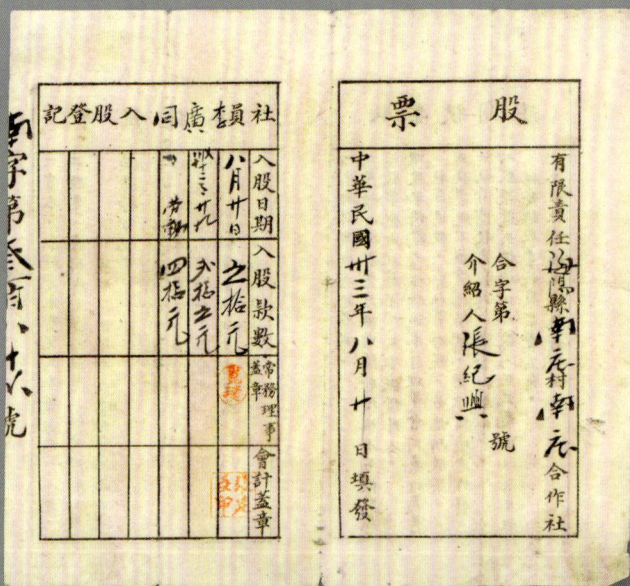

胶东联合社出版《论集体劳动》

1944年
山东博物馆藏

　　丁冬放著述的《论集体劳动》，1944年胶东联合社出版，论述了生产问题、劳动问题、互助合作问题等。

　　丁冬放在评价抗战时期的互助运动时说："现在，集体劳动已开始与锄奸、拥军、自卫、教育等联合起来……个体生产的散漫的农村，将变成第一个以生产为中心而统一许多别项工作于其内的集体化农村。"可见大生产运动这种集体劳动形式将散漫、无秩序、低效率的传统家庭生产组织起来，提高了生产的秩序与效率，为根据地的蓬勃发展打下坚实基础。

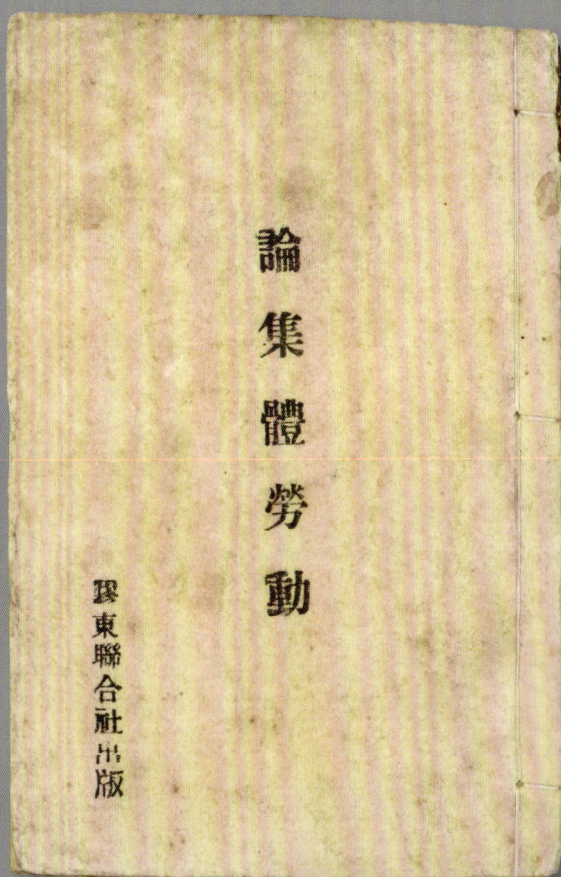

虞棘

1916—1984

原名于家骥，字德骥，山东掖县（今莱州市）路宿村人，著名戏剧家，是不断尝试多种戏剧创作形式的"多面手"。他创作的戏剧作品丰富多样，除话剧外，还包括秧歌剧、歌舞剧、歌剧、京剧等。1938年任胶东抗日游击第三支队抗日剧团团长，翌年加入中国共产党，任八路军山东纵队第五支队国防剧团团长、胶东文联常务委员。代表作有《李秀成之死》《雨过天晴》《改邪归正》《解放之路》《群策群力》《气壮山河》《三世仇》等。

胶东新华书店出版《群策群力》

1945年10月
山东博物馆藏

《群策群力》是一部三幕五景话剧剧本，又名《减租》，胶东国防剧社集体创作，虞棘执笔，1945年8月胶东新华书店出版。

该剧在1944年5月初稿完成后即举办了首次公演，之后在滨海演出大约半年时间。其间，剧本先后经过多次修改。山东新华书店1945年8月出版（第五稿），改名《减租》，列入"戏剧丛刊"。胶东新华书店1945年10月出版（第六稿），恢复原名。该剧本是一部配合农村减租减息政策、反映生产生活、团结抗日的作品。

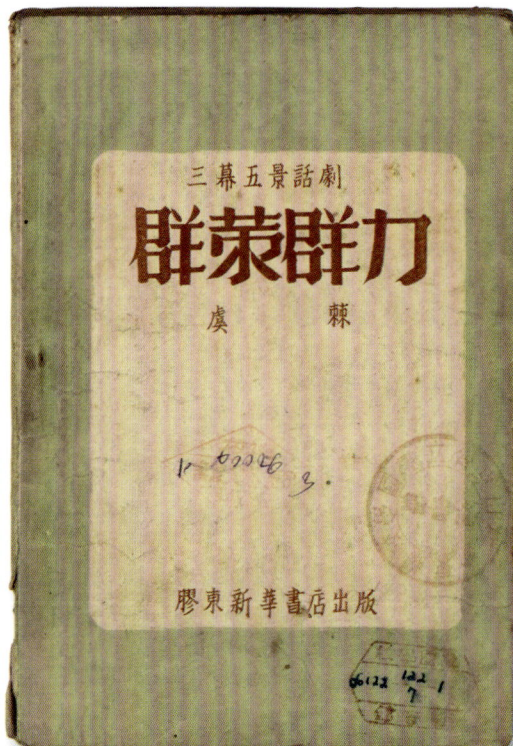

栾喜成

1912—1952

山东海阳人，贫农出身。1941年加入中国共产党，1942年被选为胶东一等民兵模范。在生产救灾中，把省吃俭用节余的九百八十斤粮食拿出来，帮助群众度过灾荒。1944年起，带头组织常年互助组，特别照顾无劳力弱劳力户，带动组员积极劳动，增加生产。1945年被选为县劳动模范。1952年，栾喜成率先成立起全县第一个生产合作社，推动了县内农业合作化运动，荣膺山东省劳动模范称号。

山东人民武装抗日自卫队委员会发给栾喜成的奖状

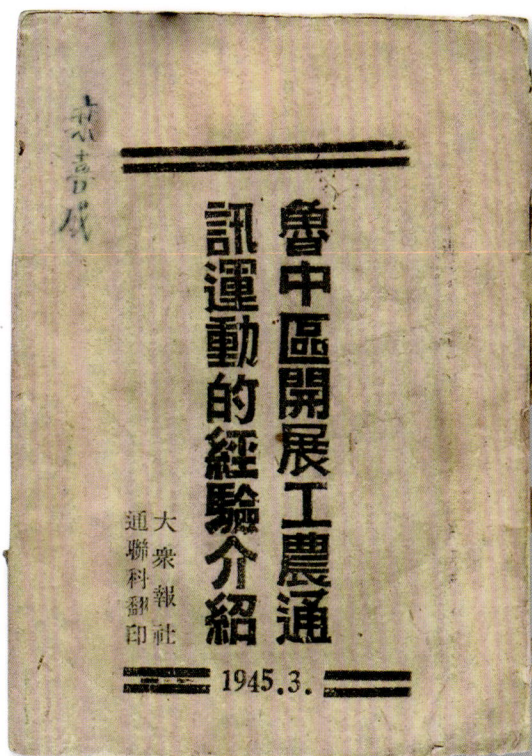

大众报社通联科翻印《鲁中区开展工农通讯运动的经验介绍》

1945年3月
地雷战纪念馆藏

《鲁中区开展工农通讯运动的经验介绍》是海阳籍烈士栾喜成的遗物。1945年3月大众报社通联科翻印，共41页。

胶东区党委颁发"劳动人民的榜样"
锦旗

1943年
山东博物馆藏

　　此锦旗是胶东区党委颁发给张富贵的。
　　张富贵（1913—1994），山东文登人。
1944年加入中国共产党。抗日战争期间他在胶
东解放区组织了第一个拥军互助组，并组织村
民打井队，在灾荒年确保了农作物收成。1952
年张富贵又带头在高村区先后成立了初级农业
合作社和高级农业合作社。1950、1979年两次
获全国劳动模范称号。

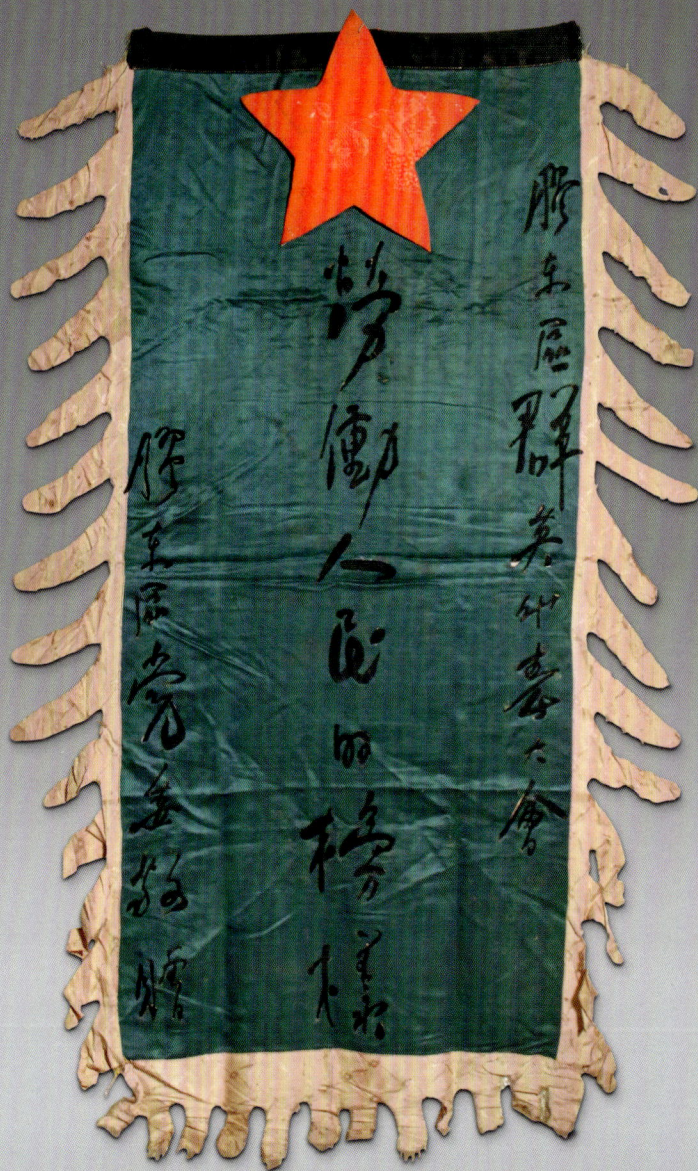